Préparation aux Galops 1 à 4

Laurence GRARD GUENARD

W0372901

Manuel d'Équitation pour les enfants

D'après les nouveaux programmes officiels

amphora
27 rue Saint-André-des-Arts - 75006 PARIS

Conception maquette : alphastudiocom (La Rochelle)
Crédits photos : voir remerciements page 125
Dessins et schémas : Laurence Grard Guenard © Éditions Amphora
Imprimé en Europe par Sagrafic
Plaza Urquinaona, n° 14-7°, 3a – 08010 Barcelona
© Éditions Amphora, septembre 2014
ISBN : 978-285180-902-5

La charte fédérale du cavalier

Je respecte mon poney ou mon cheval.

Je cherche à le connaître et à le comprendre.

Je prends le temps de m'occuper de lui.

J'apprends à le soigner pour sa santé et son bien-être.

Je garde mon calme : je ne suis jamais violent.

Je le respecte dans toutes les situations.

Je respecte les autres et l'environnement.

Je suis courtois envers mon enseignant, les autres cavaliers, mon entourage et toutes les personnes que je côtoie au club.

Je respecte les règles de mon club, les règles du jeu et les règles de sécurité à pied comme à cheval.

Je respecte les autres usagers et les règles de circulation lorsque je me promène à cheval.

Je respecte la nature, j'économise l'eau et l'énergie. Je limite et je trie mes déchets.

Je respecte le matériel que j'utilise et je le range.

Je respecte les valeurs du sport.

Je prends en compte objectivement mon niveau.

Je m'entraîne régulièrement et avec sérieux pour progresser.

Je respecte le règlement, les arbitres, le jury et les autres concurrents.

Je respecte mon intégrité physique et celle de mon poney ou cheval et je refuse le dopage.

Je suis fair-play en toutes circonstances.

Galop 2

Connaissances

Pratique autour du poney

Équitation

Galop 3

Connaissances

Pratique autour du poney

Équitation

À pied

À poney

Galop 4

Connaissances

Pratique autour du poney

Équitation

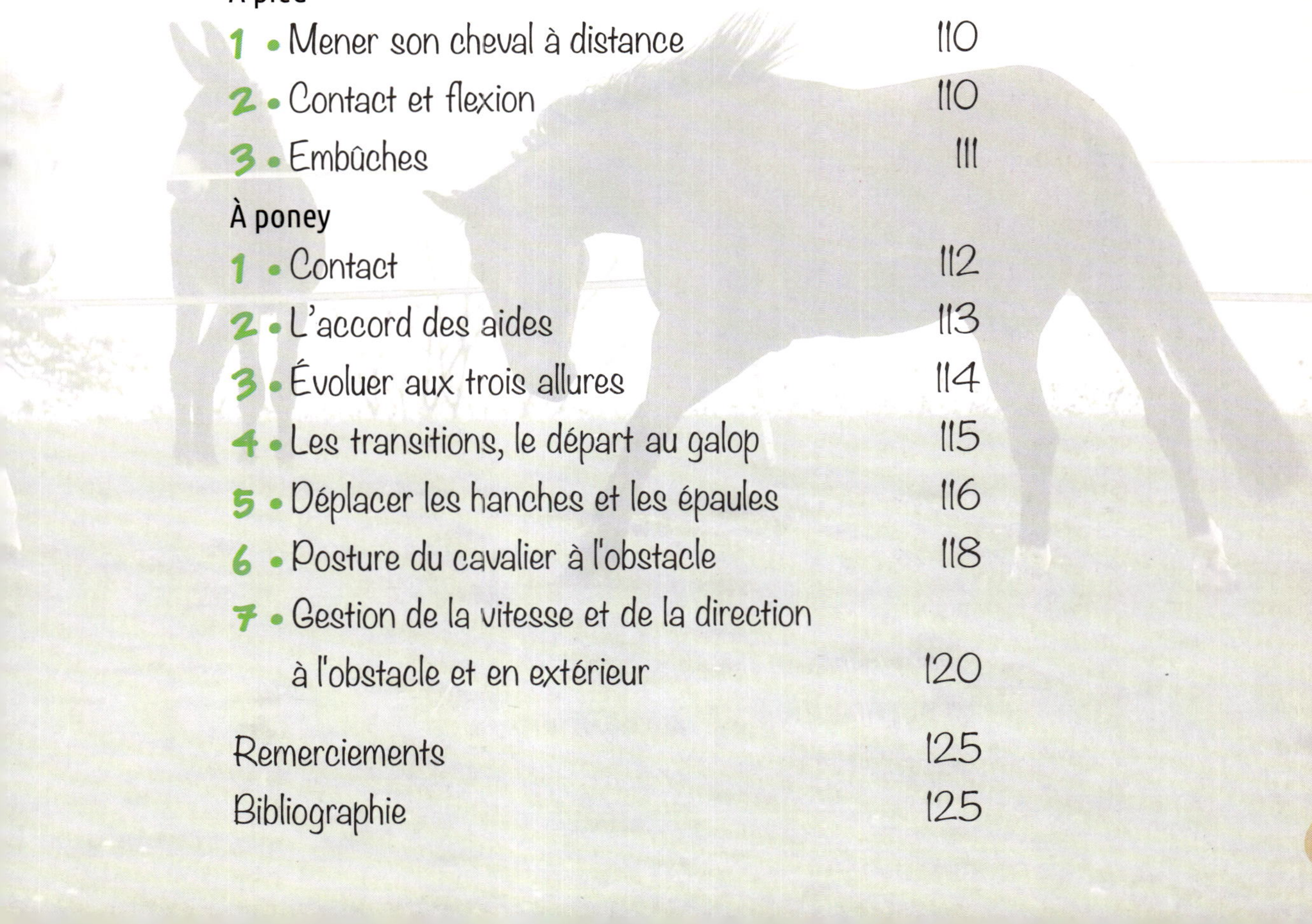

À pied

À poney

1→ Les consignes de sécurité

Pour ne pas faire peur au poney

- Ne crie pas, ne cours pas, ne fais pas de gestes brusques, n'agite pas d'objets à proximité des poneys : tu risques de leur faire peur.
- Préviens ton poney avant de t'approcher, surtout si tu dois passer derrière lui.
- Quand tu changes de côté, ne passe pas sous son ventre.

Pour te protéger

- Regarde où tu mets les pieds et porte toujours des chaussures fermées.
- Ne t'agenouille pas, ne t'assois pas près d'un poney.
- Fais attention à tes doigts lorsque tu lui donnes une friandise.

À poney

- Mets toujours ton casque pour monter.
- Garde des distances avec les autres poneys : devant, derrière et sur les côtés.
- Porte une tenue et des chaussures adaptées.
- Conserve la place que le moniteur te donne dans la file indienne.
- N'entre dans le manège que si le moniteur t'y autorise.

↑ Ne t'assieds pas près des sabots d'un poney.

2 → Le poney-club

Au poney-club, tu trouveras :

- un bureau pour t'accueillir et où sont affichés les diplômes des enseignants ;
- un club-house pour réunir tous les enfants ;
- des écuries où logent les poneys ;
- les selleries où se trouve le matériel des poneys ;
- un espace pour s'occuper des poneys : les brosser, les seller, les soigner ;
- un manège et/ou une carrière pour monter à poney.

Si ton poney-club porte le label "École Française d'Équitation", c'est qu'il est engagé dans une démarche de qualité : un accueil attentif, des poneys bien traités et un encadrement équestre qualifié et personnalisé.

Un poney-club est à la fois un lieu sportif et agricole.

ÉCOLE FRANÇAISE D'ÉQUITATION
LABEL QUALITÉ

PONEY CLUB DE FRANCE

CHEVAL CLUB DE FRANCE

← *Le matériel des poneys.*

3 → La Fédération, le club, la licence

La Fédération française d'équitation (FFE) est située au parc équestre de Lamotte-Beuvron. Elle organise et coordonne toutes les activités à poney et à cheval en France. C'est elle qui définit par exemple le programme des examens des "Galops". C'est elle aussi qui délivre les licences et gère les compétitions.

La Fédération possède des relais dans les régions et dans les départements : les comités.

Quelques événements organisés par la FFE :

- la journée nationale du cheval ;
- la journée nationale de l'attelage de loisir ;
- l'équirando et l'équirando junior ;
- la semaine du développement durable ;
- les championnats de France poneys et clubs à Lamotte-Beuvron ;
- les concours de haut niveau.

Les poneys-clubs sont affiliés à la Fédération : par son intermédiaire ils demandent ta licence et te font passer les examens. Au poney-club, tu pourras suivre des cours d'équitation, des stages, faire des promenades, de la compétition.

La FFE se place au troisième rang des fédérations sportives. Les disciplines olympiques sont le dressage, le saut d'obstacles et le complet (dressage, sauts et cross).

À quoi sert la licence ? Elle permet de valider les examens, et de participer aux compétitions organisées par la FFE. Elle inclut aussi une assurance en cas d'accident. Elle se renouvelle tous les ans à la rentrée.

↑ *Quentin Gonzalez, champion de France 2013 en CCE Élite B, avec sa ponette, Maeva du Boisdelanoue.*

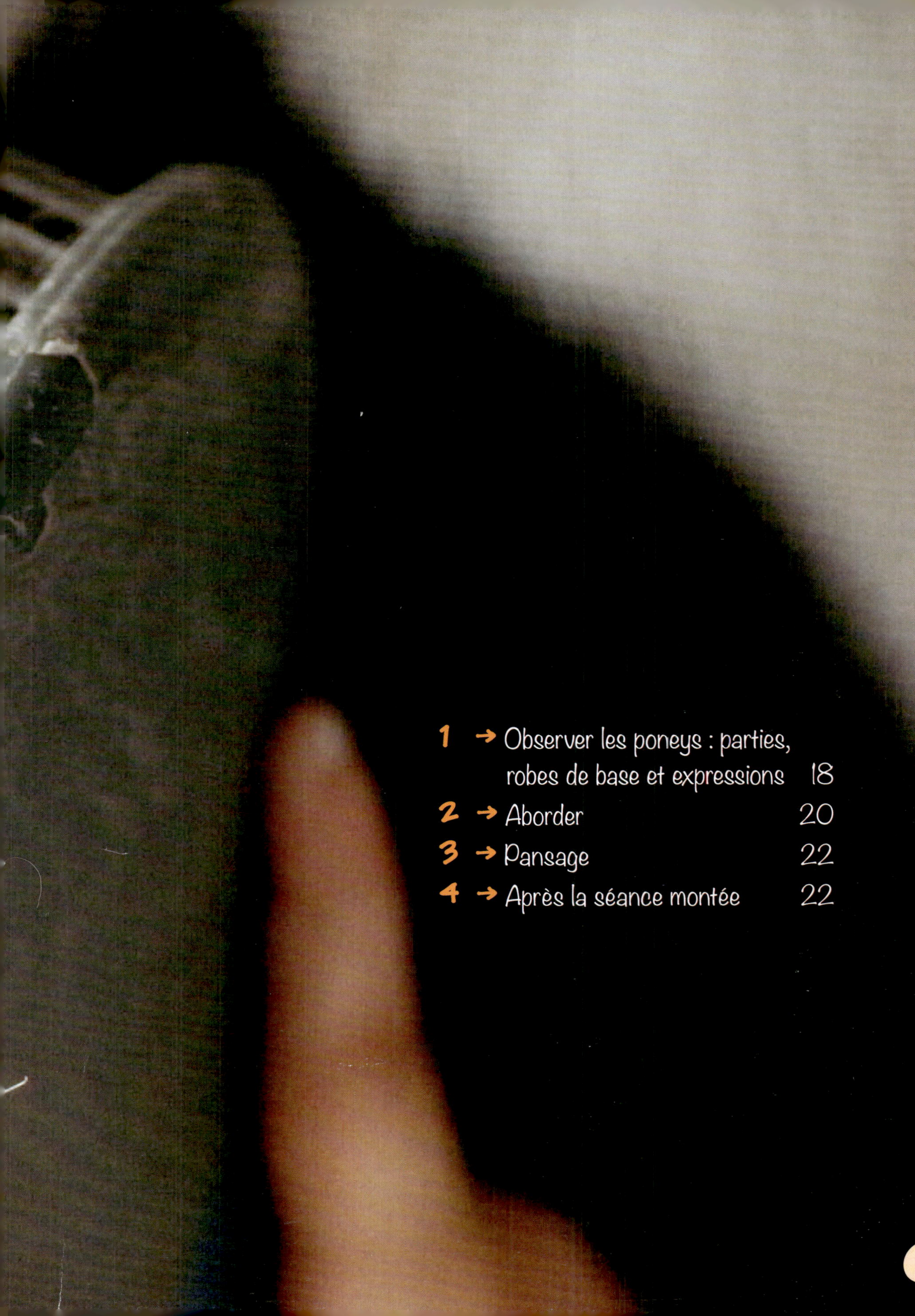

1→ Observer les poneys

Parties extérieures du poney

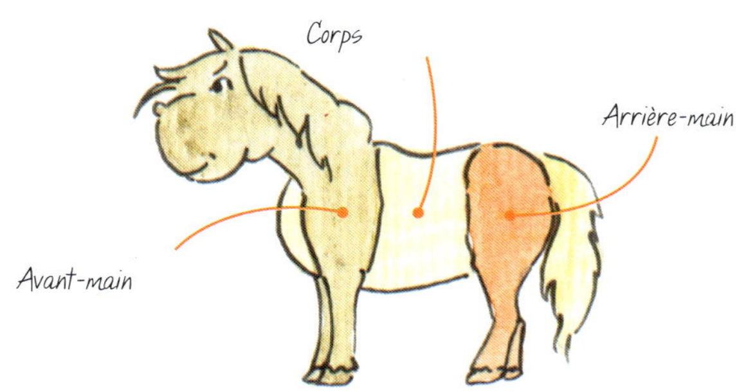

Robes de base

↑ Poney alezan (poils marron sur tout le corps).

↑ Poney noir (poils noirs sur tout le corps).

↑ Poney bai (poils marron sur le corps; les jambes, la crinière et la queue sont noires).

Identifier ses expressions et postures

- ***Agressif, méfiant, de mauvaise humeur :*** *oreilles en arrière et plaquées, lèvres serrées, sa queue peut fouetter l'air.*
- ***Confiant, curieux :*** *oreilles pointées et nez en avant.*
- ***Inquiet, sur le qui-vive, attentif, prêt à fuir :*** *tête haute, oreilles pointées vers l'avant, nez au vent, muscles de l'encolure tendus, yeux grand ouverts.*
- ***Occupé :*** *encolure étendue à l'horizontale ou relâchée vers le bas, poney posé sur trois membres, un postérieur relâché, yeux qui clignent ou fermés.*

Le poney est un mammifère. C'est un animal grégaire, il vit en troupeau et passe le plus clair de son temps à brouter. Son instinct prédominant est la fuite car dans la nature, il représente une proie.

Le respect

Respecter son poney c'est prendre le temps de l'observer pour le comprendre, puis le temps de s'en occuper, d'apprendre à le soigner et se préoccuper de son bien-être. Quelle que soit la situation, cela demande de la patience et de la douceur.

Comment se déplace un poney ?

Le poney peut marcher, trotter ou galoper.

- Le pas est une allure lente et stable, le poney a toujours au moins deux pieds sur le sol, tu peux compter quatre bruits de sabots.
- Le trot est une allure sautée : le poney saute de deux jambes sur deux jambes. Cela fait aussi sauter le cavalier. Tu peux compter le rythme du trot "1 – 2 – 1 – 2".
- Le galop est l'allure la plus rapide. Elle fait basculer le cavalier d'arrière en avant. Elle est rythmée sur trois temps "Ta-ga-da, ta-ga-da".

↑ *Pas.*

↑ *Trot.*

↑ *Galop.*

2 → Aborder

Que ton poney soit au box ou déjà attaché, utilise toujours la même façon de l'approcher.

- Préviens ton poney en l'appelant.
- Approche-le en lui parlant s'il ne vient pas vers toi.
- Laisse-le te sentir ou sentir ta main, s'il avance son nez puis caresse-le sur l'épaule.

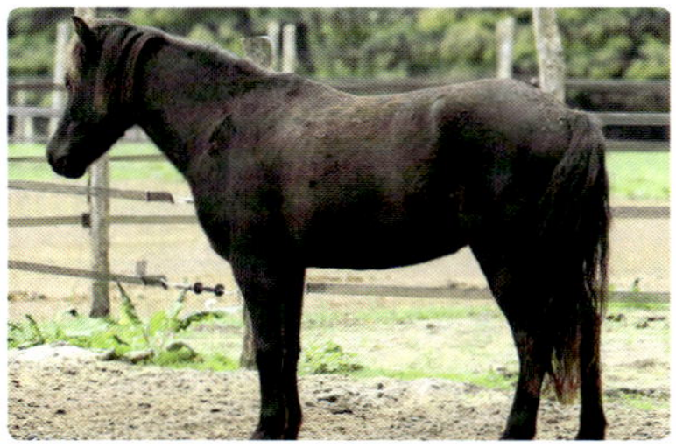

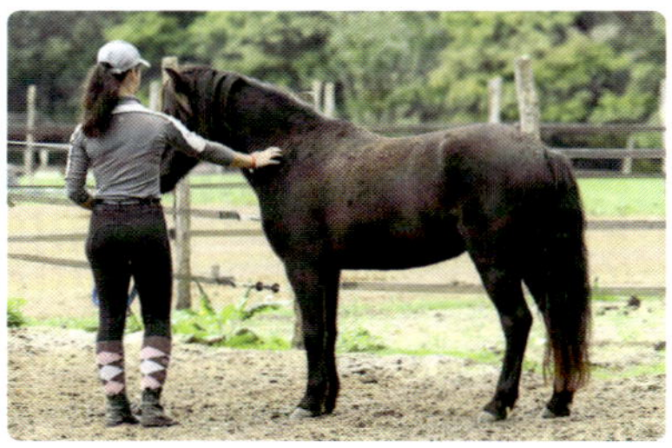

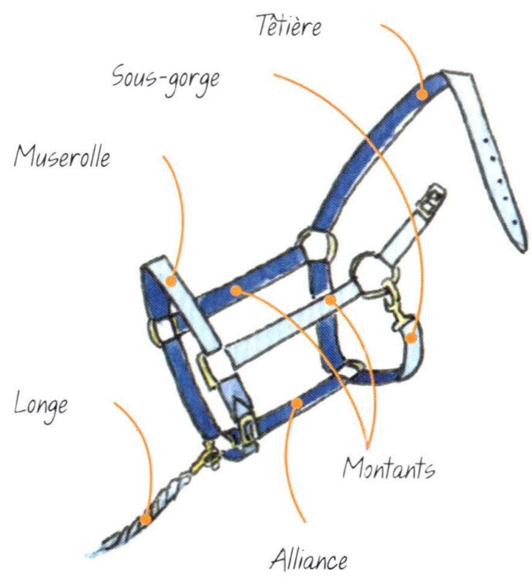

↑ *Les différentes parties du licol.*

Le licol

Aborde ton poney de la même façon avec le licol dans la main. Une fois à côté de son épaule, mets-lui le licol.

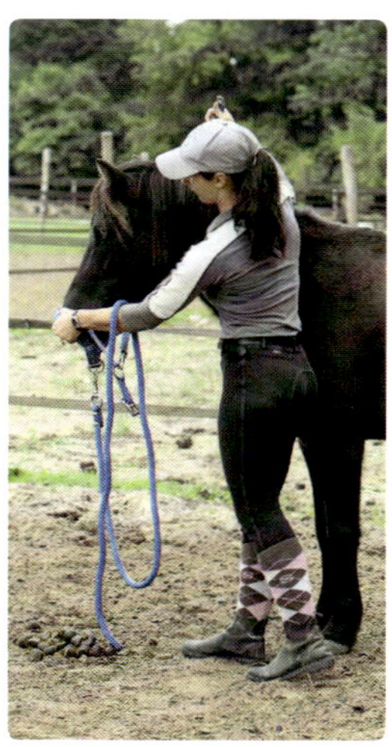

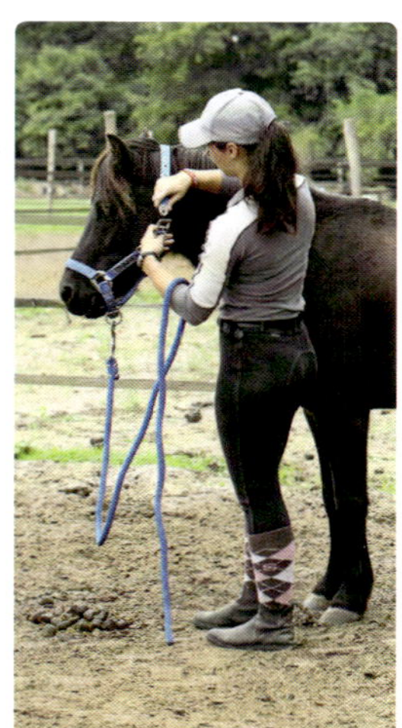

Attache le licol de façon à ce qu'il ne soit pas ni trop grand, ni trop serré.

↑ Licol bien ajusté.

↑ Trop long, il tombe sur le nez, le poney pourra l'enlever facilement.

↑ Trop serré, il comprime les os de la tête du poney.

Le nœud de sécurité

← Une fois le licol mis, tu peux attacher ton poney, ni trop court, ni trop long.

↑ *Si tu laisses trop de "mou" à ton poney, il risque de se prendre les pieds dans la longe.*

C'est très inconfortable, mais surtout, il peut se blesser.

3 → Pansage

Une fois ton poney attaché, tu peux le brosser pour le nettoyer, c'est "le pansage". Il sert aussi de massage et te permet de faire connaissance avec ton poney.

L'étrille est une brosse dure, en plastique ou en fer, elle soulève le poil et décolle la poussière. Passe-la énergiquement en faisant des ronds sur les parties où tu ne sens pas les os de ton poney.

Après, passe le bouchon partout.

Le bouchon est une brosse avec des poils durs, il élimine la poussière décollée. Passe-la en faisant des allers-retours et finis dans le sens du poil.

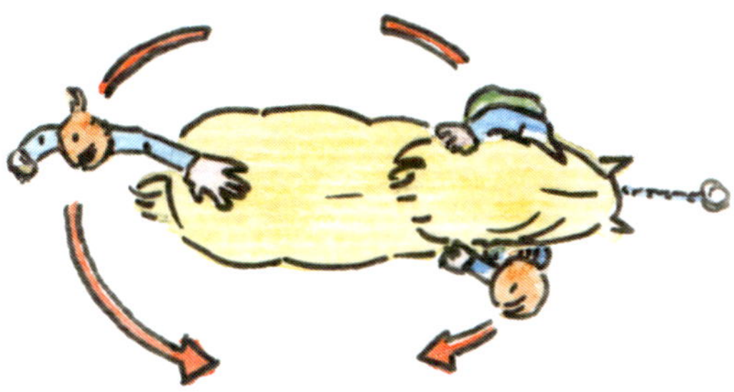

← *Lorsque tu prépares ton poney, il te faudra passer souvent d'un côté à l'autre. Si tu n'as pas beaucoup de place pour circuler, tu as deux solutions : soit tu passes sous l'encolure, soit tu fais le tour par derrière, mais dans ce cas, laisse une main sur le poney, ou tiens sa queue, comme ça il sait où tu es et n'est pas surpris.*

4 → Après la séance montée

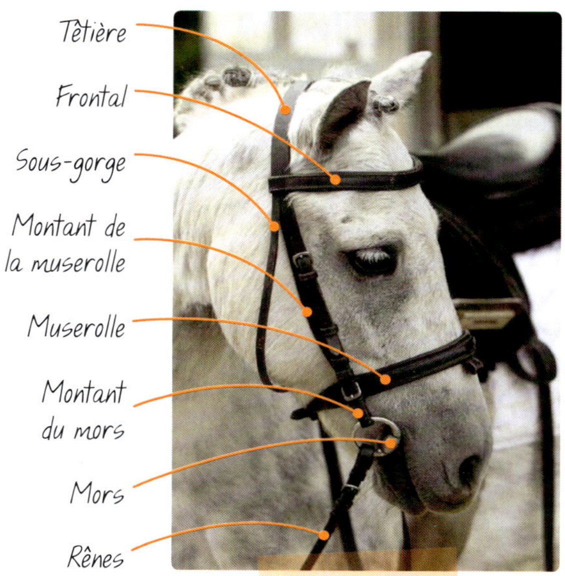

↑ Le filet.

Enlever le filet

- Déboucle la sous-gorge et la muserolle.
- Mets les rênes sur la têtière.
- Boucle le licol autour de l'encolure.
- Fais glisser lentement le tout vers l'avant et le bas en laissant le temps au poney d'ouvrir la bouche.
- Mets le licol sur la tête.
- Nettoie le mors et range le filet.

1 et 2 : *les deux choses que tu dois décrocher se trouvent en dessous : en dessous du menton, et en dessous de la gorge.*

3 : *mets les rênes derrière les oreilles et vérifie que ton poney est attaché par son licol s'il n'est pas dans un box. Fais glisser le filet doucement vers l'avant.*

4 : *plus facile, tu prends le filet avec tes deux mains, de chaque côté des oreilles et tu l'attires doucement vers toi.*

Pose le filet comme s'il était sur ton poney, puis pose les rênes par-dessus pour qu'elles ne traînent pas par terre.

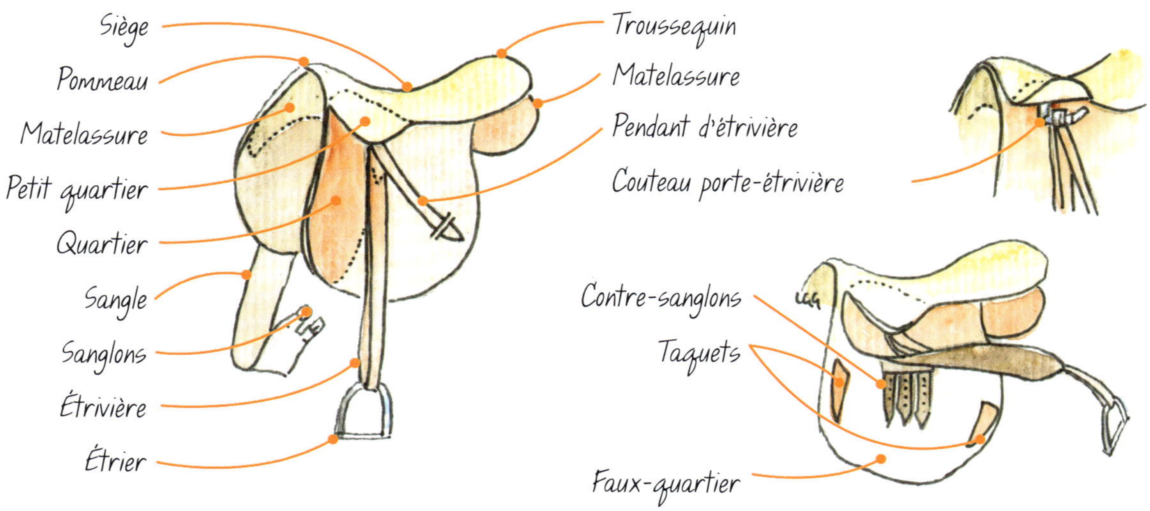

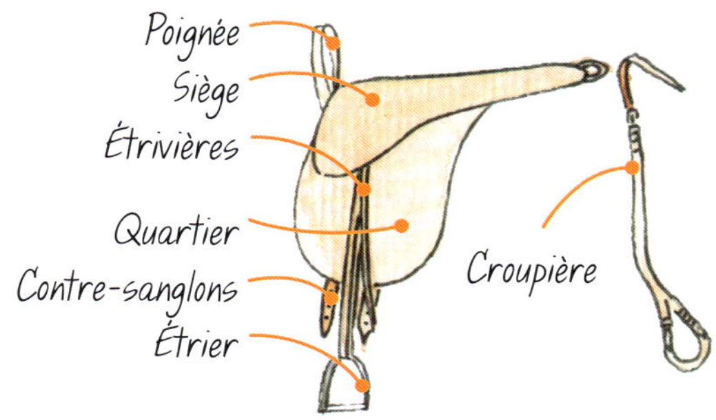

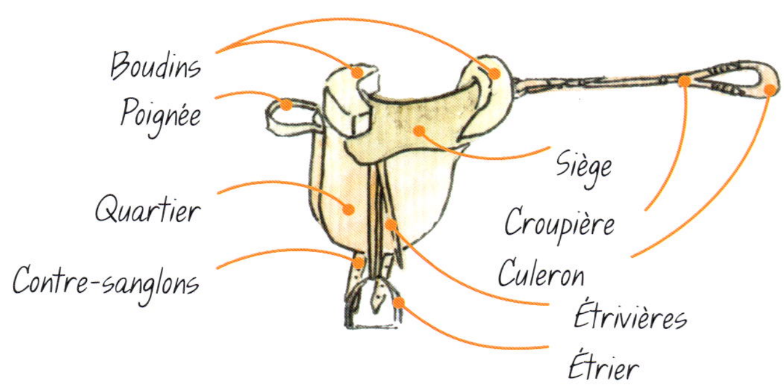

Enlever la selle

- Remonte les étriers si ce n'est pas déjà fait.
- Déboucle la sangle du côté gauche sans la laisser tomber dans les jambes du poney.
- Passe à droite, attrape la sangle et pose-la sur la selle.
- Repasse à gauche, attrape l'ensemble, tapis et selle, devant et derrière.
- Fais glisser le tout vers toi.
- Pose la selle : au sol, sur la porte de box ou dans la sellerie.

Selle avec croupière

Si la selle est munie d'une croupière, fais-la d'abord glisser vers l'arrière avec son tapis, descends la croupière en bas de la queue avant de saisir la selle pour l'enlever.

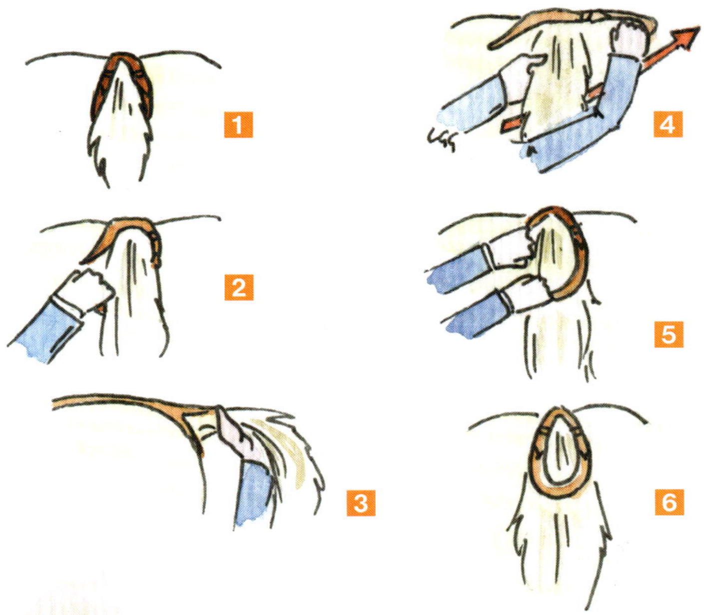

Certaines croupières ne peuvent pas s'ouvrir, mais pour celles qui ont des boucles, tu peux aussi la détacher pour l'enlever. Soulève bien la queue et sans tirer, fais passer la boucle dessous. Pense à la refermer. →

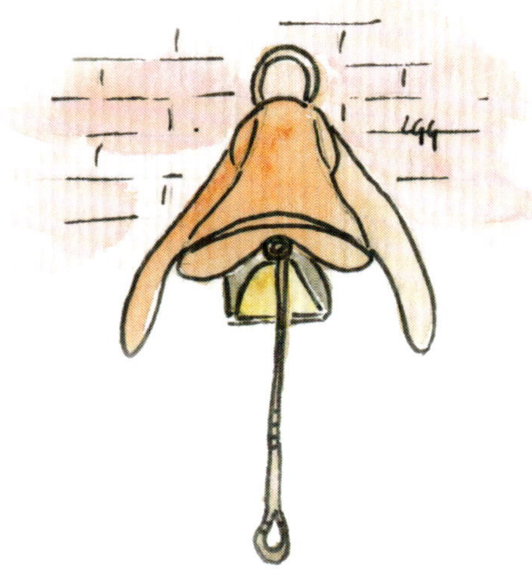

← *La selle est posée dans le bon sens si la poignée (devant de la selle) est vers le mur, et si la croupière (derrière de la selle) est vers toi.*

La selle en premier, puis par-dessus l'amortisseur s'il y en a un et en dernier et à l'envers le tapis. →

Une fois le matériel retiré, passe un coup de bouchon sur les parties du poney qui étaient en contact avec la selle et le filet.

À pied

À poney

MA
LOUSTIC
QUALIE
LUCKY

1→ Mener

Tu peux également plier la longe en deux pour la tenir avec une seule main quand tu as besoin de l'autre main, pour ouvrir la porte du box par exemple. →

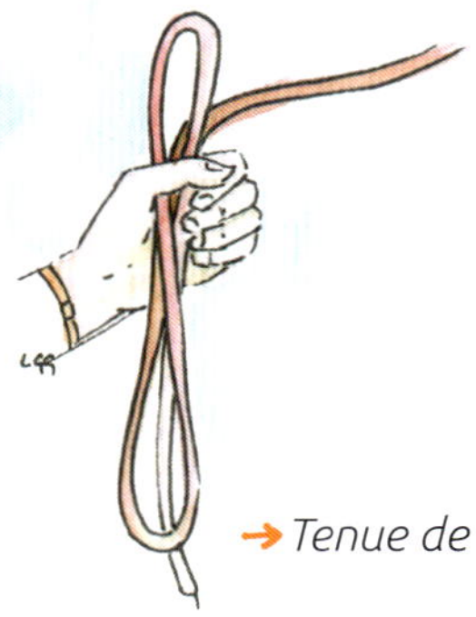

→ *Tenue de la longe en huit.*

- **Position**

Place-toi à gauche du poney, entre son épaule et sa tête, et tiens la longe ou les rênes à une longueur de bras de la bouche, sans tirer.

- **Avancer**

Avance d'un pas décidé sans regarder ton poney, il doit te suivre avant que la longe ne se tende. S'il ne veut pas avancer ou marche trop lentement, appelle-le et donne lui l'indication : "Marche", "Avance" ou "Viens."

Si le poney te dépasse, tends et détends la longe plusieurs fois en lui parlant "Oooolaaa" d'une voix calme. Laisse la longe détendue dès qu'il est à sa place.

Commence par appeler ton poney pour le rendre attentif, puis demande lui d'avancer. →

- **S'arrêter**

Commence par t'arrêter, le poney va copier sur toi sans que tu aies besoin de tendre la longe. Si ce n'est pas le cas, lève-lui doucement la tête en lui demandant de s'arrêter "Oh, Oh, Oh".

Laisse le poney s'arrêter tout seul derrière toi.

- **Au manège !**

Tu peux maintenant emmener ton poney jusqu'au manège ! Attends l'autorisation d'entrer. En entrant, pars sur la droite et longe le mur pour venir t'arrêter sur la ligne du milieu. Arrête-toi en laissant des distances avec les autres poneys.

Passe les rênes par-dessus l'encolure et tiens-les avec tes deux mains ou laisse-les sur l'encolure et ne prends que la rêne de ton côté.

2 → Éloigner sa monture de soi

Parfois les poneys sont un peu pots de colle, donnent des coups de tête, bousculent les cavaliers sans le faire exprès et leur écrasent les pieds. Éloigne ton poney en appuyant ou en poussant plusieurs fois sur son épaule.

Tu peux faire la même chose en marchant s'il est trop près de toi et surtout de tes pieds !

Attention, repousse bien les épaules et pas seulement la tête : en repoussant la tête loin de toi, le poney se plie et met encore plus ses épaules (et donc ses pieds) près de toi.

Éloigne ton poney.

1→ Avant de monter

- **À l'arrêt** : passe les rênes sur l'encolure, passe ton bras dans les rênes pour libérer tes deux mains, ressangle et descends les étriers.
- **Régler les étriers** : ton moniteur va t'aider à les régler si ta selle en est équipée.

↑ *Ressangler à pied.*

2→ Monter

Dans la main gauche, ajuste tes deux rênes et prends un peu de crinière. Positionne ton pied gauche dans l'étrier en t'aidant de ta main libre, attrape le devant de la selle avec ta main droite, et saute sur ton pied droit pour te mettre en selle.

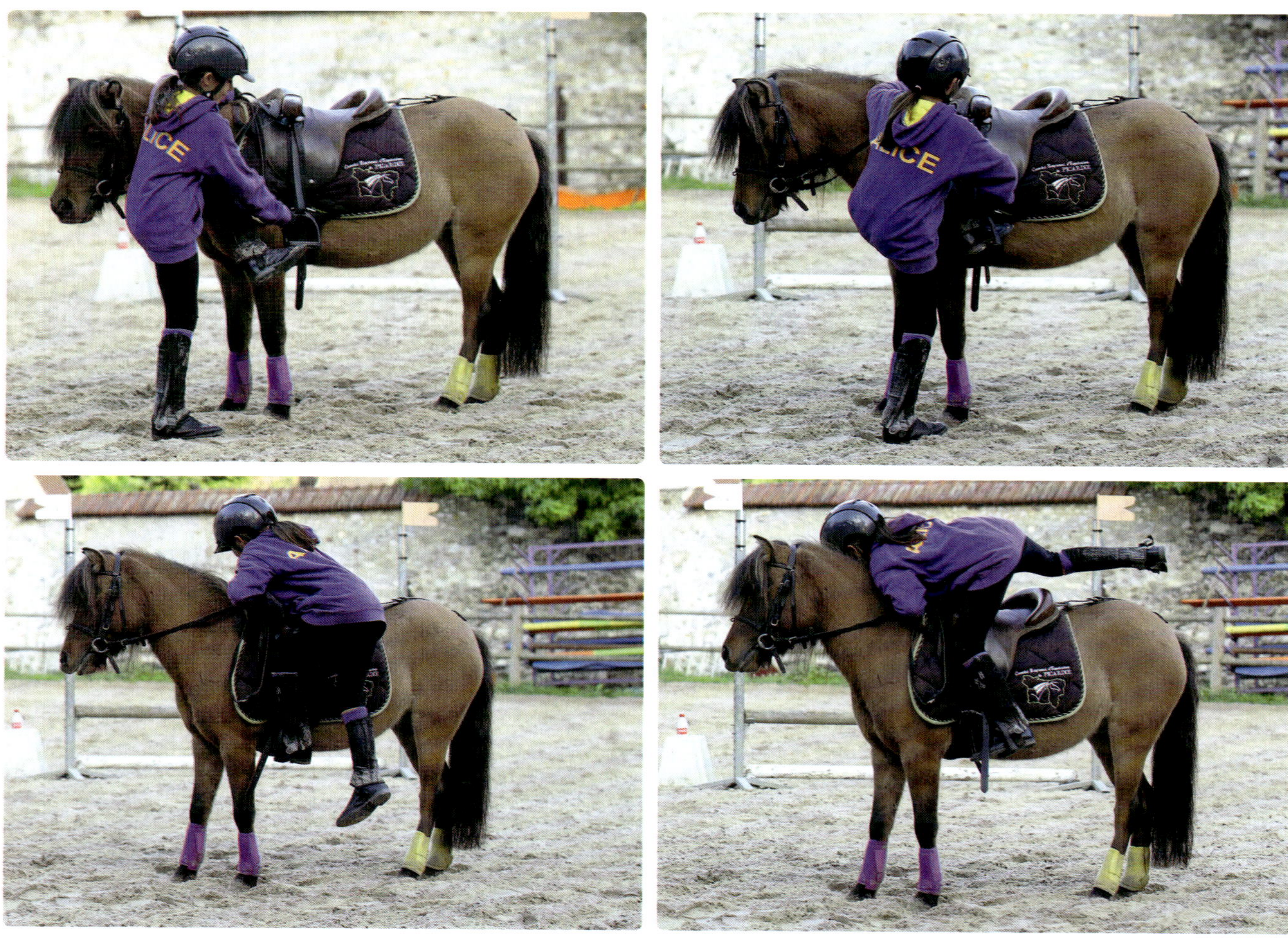

↑ Monter avec un cube.

Une personne peut t'aider à monter mais sans pousser trop fort. ↓

← Ne mets pas ta main droite sur l'arrière de la selle, elle va t'empêcher de passer ta jambe, et lève bien ta jambe pour ne pas toucher la croupe.

Installe-toi bien les fesses en avant dans la selle et ton dos dans un dossier imaginaire. Laisse tomber tes jambes. Tu dois pouvoir mettre et enlever les étriers facilement sans te pencher pour regarder.

3 → Manipuler les rênes

Toujours sans te pencher en avant, essaie de prendre tes rênes de plusieurs façons :

- une rêne dans chaque main : pour conduire avec précision ;
- les deux rênes dans une seule main : pour attraper ou poser un objet.

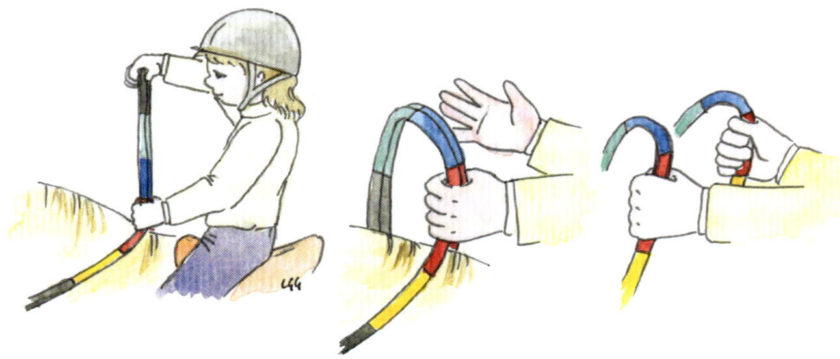

↓ *Rênes tenues à l'envers.*

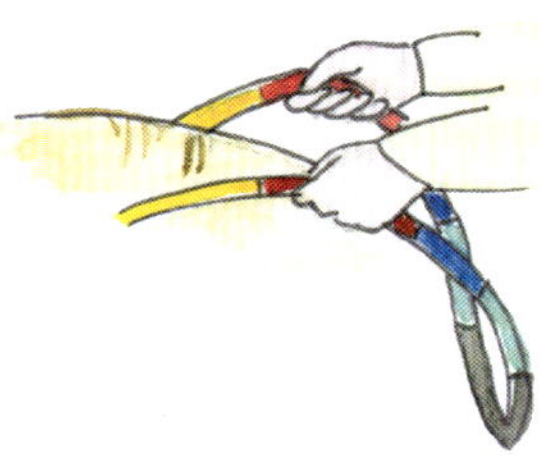

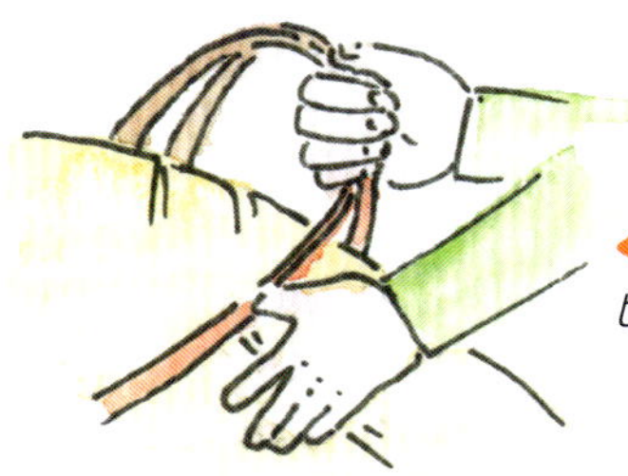

← *Quand tu voudras caresser ton poney, tu tiendras les deux rênes avec une seule main.*

4 → Les aides

Les aides, c'est le langage que tu utilises pour que le poney comprenne ce que tu veux lui faire faire :

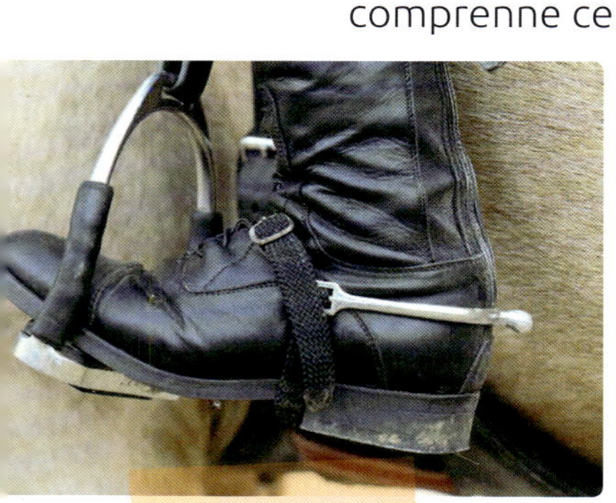

↑ *Éperons.*

- tes jambes : pour faire avancer ou accélérer ton poney ;
- tes mains : pour diriger, ralentir ou arrêter ton poney ;
- ta voix : pour encourager ou calmer ton poney ;
- ton assiette ou poids du corps : pour ralentir, arrêter ou accélérer.

Ce langage que tu utilises fait appel aux aides naturelles (ton corps). Il existe aussi des aides artificielles pour faire avancer : la cravache, les éperons et la chambrière.

↑ *Les mains, l'assiette, les jambes.*

La cravache. ↑

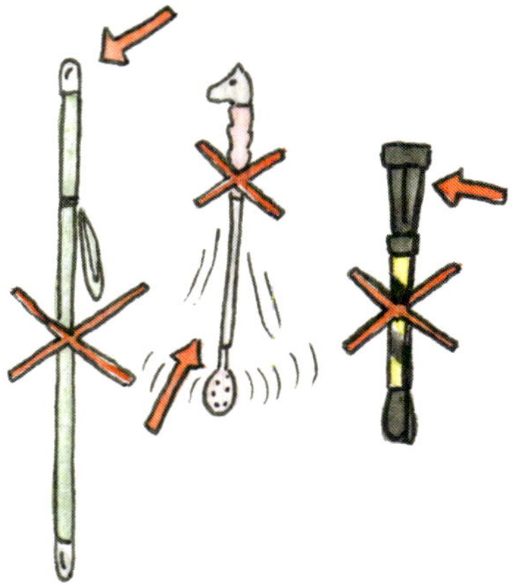

↑ *Les cravaches sans pommeau glissent de la main. Les cravaches trop légères et souples ne servent à rien, les poignées trop épaisses sont impossibles à tenir correctement.*

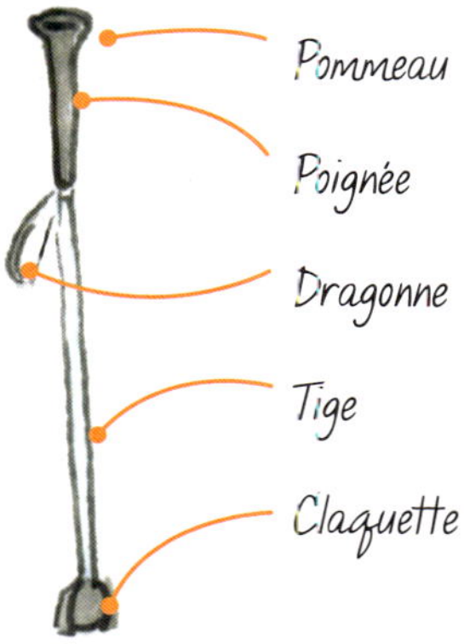

↑ *Une cravache correcte ne doit être ni trop grande, ni trop petite, ni trop large, ni trop lourde. La poignée est surmontée d'un pommeau qui permet de la garder facilement en main, même sans la dragonne.*

5 → Avancer, ralentir

- Pour avancer, serre les jambes contre le poney et desserre-les.
- Pour ralentir, monte légèrement les mains pour tendre les rênes, et détends-les.
- Pour t'arrêter, penche-toi un peu en arrière et monte doucement les mains. Redescends-les dès l'arrêt.

Lorsque le poney ne répond pas, redemande depuis le début. Ne reste pas les jambes serrées, ne tire pas sur les rênes.

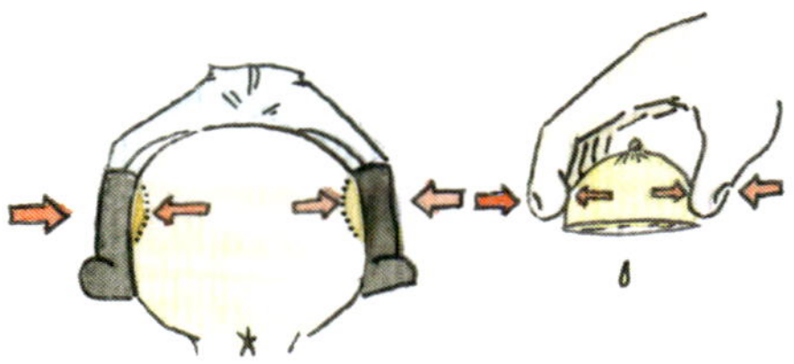

← *Pour avancer, tu dois presser les mollets contre ton poney comme si tu pressais un citron. Quand tu desserres les jambes ton poney doit avancer.*

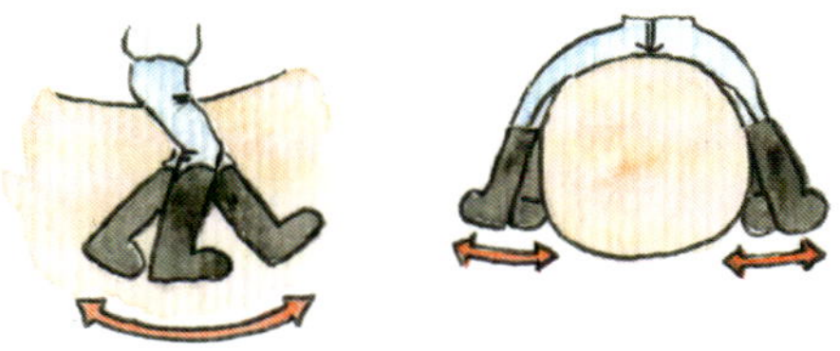

← *Si ton poney ne comprend pas bien, rien ne sert d'agiter ta jambe d'arrière en avant comme un essuie-glace. Tu peux légèrement la décoller pour le tapoter.*

← *Si tu tires, tu vas détruire toute ta position : tes pieds vont partir en avant, tes fesses vont reculer dans la selle, tes coudes vont passer dans ton dos, tu seras penché en avant et tu regarderas par terre ! Tu ne pourras plus être efficace.*

6 → Diriger

- Prends une rêne dans chaque main.
- Regarde où tu veux aller.
- Montre le chemin avec une ou tes deux mains sans dépasser le milieu de l'encolure.

↑ *Regarde où tu veux aller, tes épaules et tes mains vont pivoter sans que tu y penses.*

À poney

7 → Différents équilibres

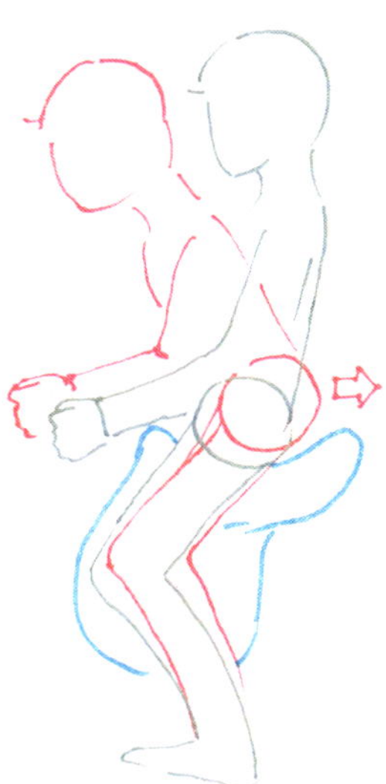

↑ *Assis et en équilibre avec la même longueur d'étrier.*

- **L'équilibre assis** : ton poids est sur tes fesses.

Les fesses en avant dans la selle, le dos accompagne les mouvements du poney, les jambes tombent sans appuyer sur les étriers.

- **L'équilibre sur les étriers** : ton poids est sur tes pieds.

Les mains s'appuient sur l'encolure en tenant un peu de crinière, les fesses sont soulevées, les jambes restent pliées pour servir de ressort.

- **Le trot enlevé** est une façon de trotter qui te permet d'éviter les secousses de l'allure : pour arriver à prendre le rythme "debout-assis", le plus facile est de partir de la position en équilibre. Une fois que tu as le rythme, redresse-toi.

← *Trot enlevé : le bas de tes jambes et tes mains restent fixes sur le poney.*

Découvrir le galop assis ou en équilibre.

- **Découvrir le galop** peut se faire assis en tenant la selle ou en équilibre en tenant la crinière.
- **La chute équestre :** les chutes sont fréquentes dans la pratique d'un sport. Elles sont dues à la perte d'équilibre du sportif : à vélo, sur la poutre, à poney. Le poney n'est pas responsable de toutes les chutes, il est inutile de s'en prendre à lui.

Il y a encore bien d'autres sports à risques comme le ski, le parachutisme, le rafting, le parapente, la plongée…

8 → Descendre

- Arrête ton poney sur la ligne du milieu avec des distances.
- Enlève les étriers et lâche les rênes.
- Penche-toi fort en avant.
- Lève la jambe droite vers l'arrière et passe-la par-dessus la croupe du poney.
- Laisse-toi pivoter et glisse vers le sol en tenant la selle.
- Remonte les étriers, et dessangle de quelques trous.

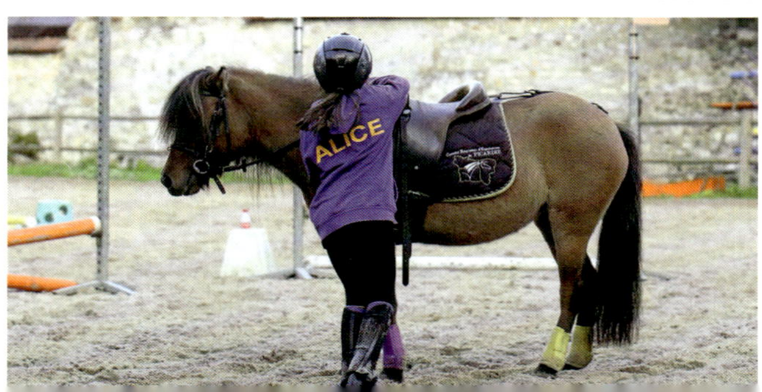

↑ *Attrape la lanière en cuir et remonte l'étrier par en dessous en le faisant glisser. Tu dois entendre "CLING" quand tu arrives au bout.*

Pense à caresser ton poney avant de descendre.

SALTO
SALTO

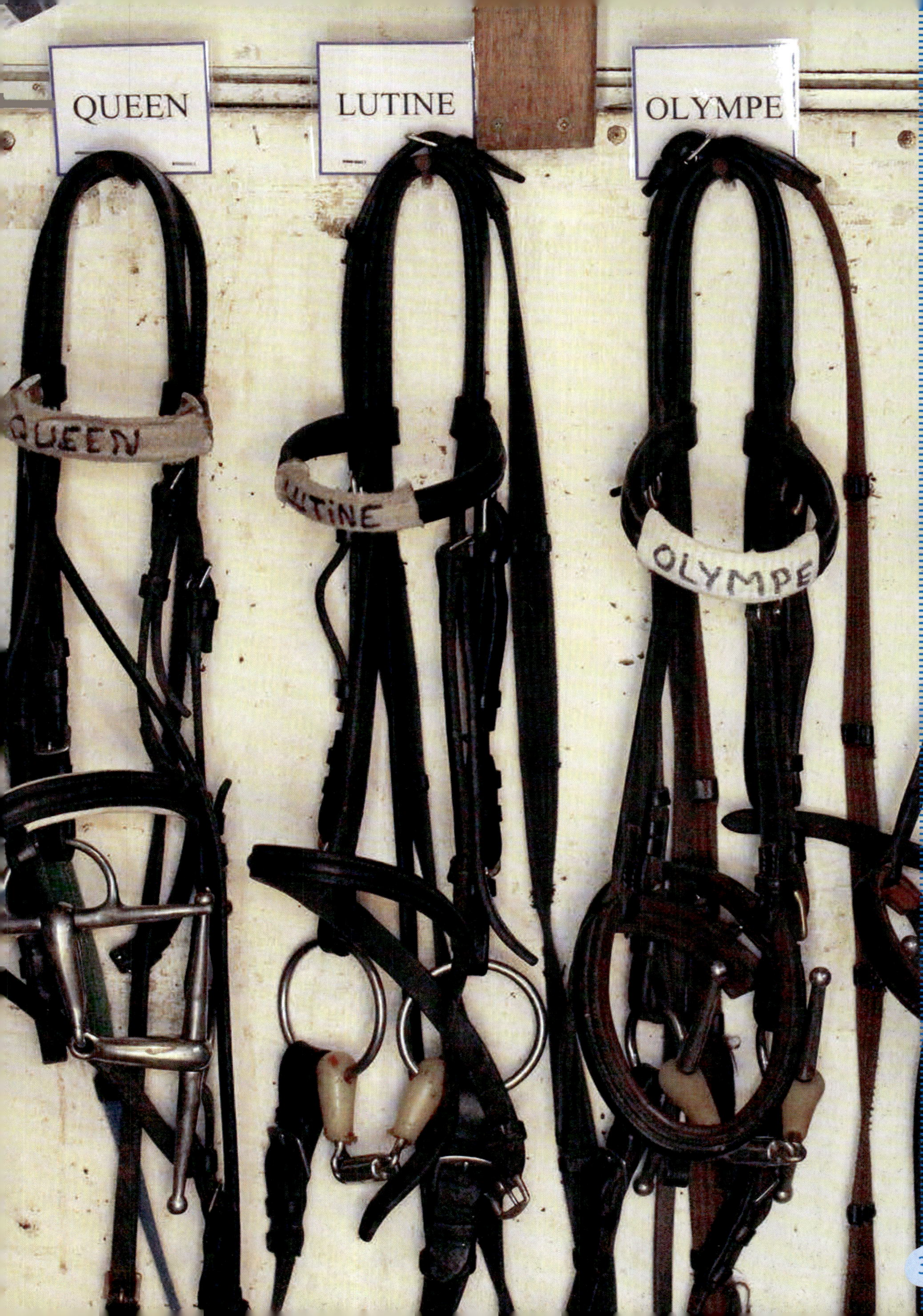
QUEEN
LUTINE
OLYMPE
QUEEN
OLYMPE

1 → Les principales pratiques

- **Le cours** : a lieu une fois par semaine et te permet de progresser à ton rythme.
- **Le stage** : d'une journée à une semaine, il te permet de passer plus de temps avec les poneys et de pouvoir vraiment les observer dans leur vie quotidienne. Les stages sont l'occasion de se perfectionner pour préparer un examen ou un concours ou de découvrir de nouvelles disciplines.
- **Les animations** : peuvent être multiples, à l'occasion d'une fête ou pour découvrir une nouvelle pratique. Promenade, randonnée, spectacle, compétition.

Pour commencer la compétition à poney, les pony-games, le trec et l'équifun sont idéaux.

↑ *Les pony-games se jouent en équipe.*

↑ *Un carrousel est un spectacle à poneys et en musique.*

2 → Les différents hébergements

- **La stalle** est une sorte de couloir ou compartiment étroit, non fermé, où le poney est attaché.
- **Le box** est une pièce garnie de litière où le poney, seul, peut manger, boire, se coucher.
- **La stabulation** est un enclos couvert que plusieurs poneys se partagent.
- **Le paddock** est un grand espace extérieur où les poneys peuvent se défouler.
- **Le pré** est un terrain en herbe, muni d'un abri, où plusieurs poneys peuvent vivre en troupeau.

Pour aborder un poney au pré ou au paddock, avance vers lui en parlant. Si le troupeau est regroupé, ne passe pas au milieu des poneys.

À quelques mètres de ton poney, utilise la même méthode qu'au box : va jusqu'à son épaule gauche, caresse-le et mets lui le licol.

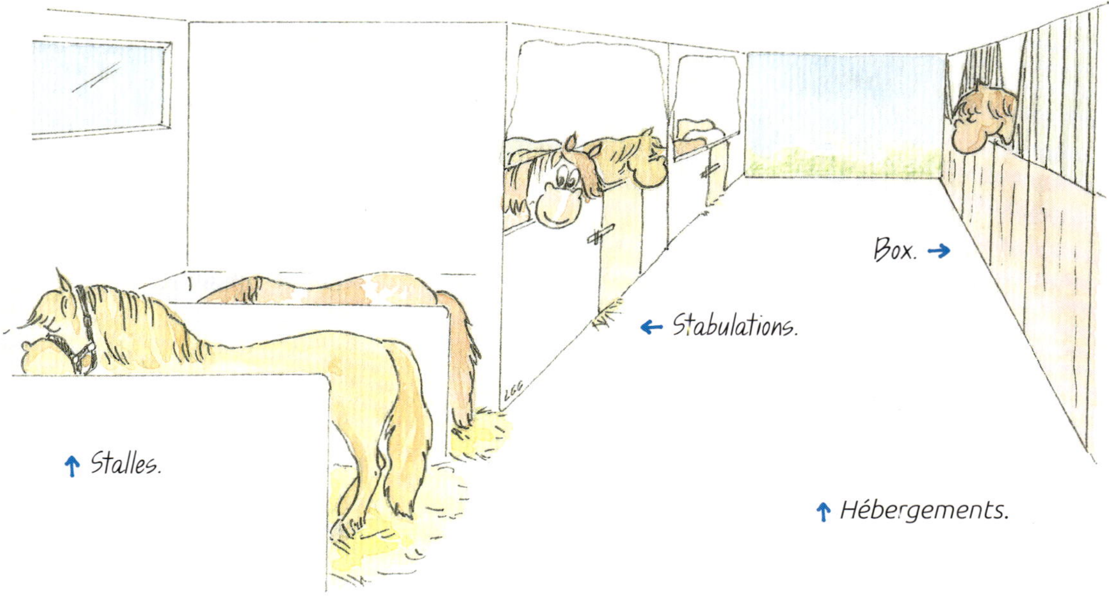

↑ *Hébergements.*

Arrivé à la clôture, tiens le poney d'une main pour pouvoir ouvrir la porte. Sans lâcher ni le poney ni la porte, fais pivoter le poney sur place pour refermer la porte.

Sortir du pré. →

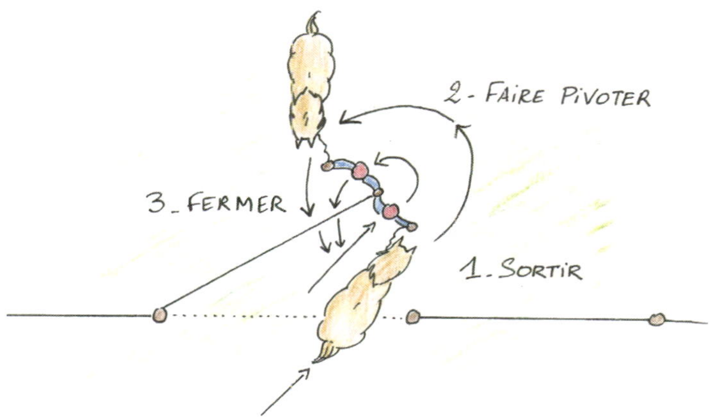

Quand tu viens remettre ton poney au pré, referme la porte, écarte-toi de la clôture et lâche ton poney en t'éloignant progressivement sans lui tourner le dos.

← *Des sauts de joie peuvent accompagner la mise en liberté de ton poney. Avant de le détacher, prévois un espace pour pouvoir te reculer rapidement.*

3 → Robes et races

Robes de base, suite

Les trois premières robes de base sont le noir, l'alezan et le bai (page 18). Il existe une quatrième robe de base appelée "autres". Elle comprend en fait quatre robes : le blanc, le gris, le crème et le chocolat.

↑ *Blanc.*

↑ *Crème.*

↑ *Gris.*

↑ *Chocolat.*

↑ *Trois poneys gris.*

↑ *Poney chocolat.*

Les taches

Il y a deux sortes de chevaux de "couleur" : les pies si les taches sont grandes, les tachetés si les taches sont petites.

↑ *Robes pie et tachetée.* ↑

↑ *Poney pie-alezan.*

Les races de poneys et chevaux

Il existe des poneys de plusieurs tailles :

- **A**, plus petits que 1,07 m : shetland ;
- **B**, entre 1,08 et 1,30 m : welsh ;
- **C**, entre 1,31 et 1,40 m : pottock ;
- et **D** entre 1,41 et 1,51m : connemara, haflinger, mérens, fjord.

↑ Poneys A.

↑ Plusieurs tailles de poneys, B, C et D.

Cheval de course. →

Au-delà de 1,51 m, il s'agit de chevaux.
On distingue :

- **les chevaux de trait, trapus et massifs** : trait breton, percheron, boulonnais, comtois ;
- **les chevaux de selles, montés pour le sport et le loisir** : selle français, arabe, hanovrien, frison, camarguais ;
- **les chevaux de courses de trot et de galop** : pur-sang, trotteur.

↑ Cheval de selle.

Cheval de trait. →

4 → Les membres

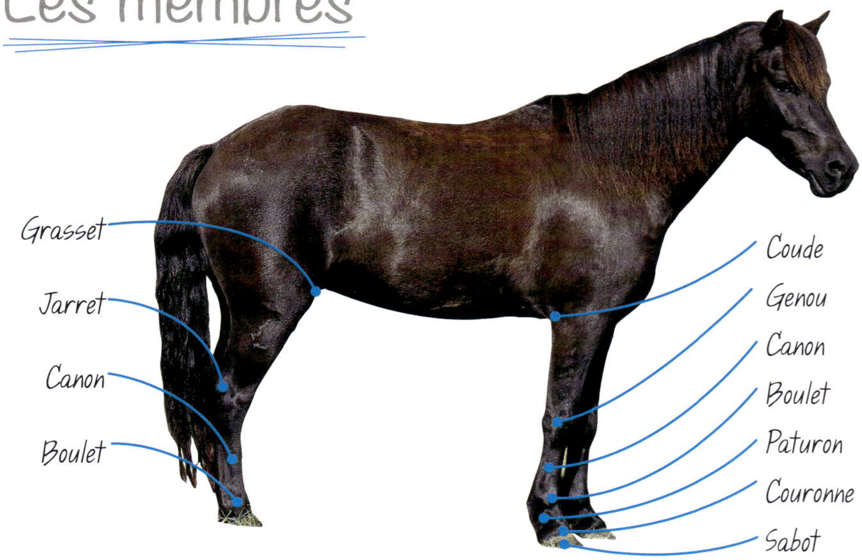

5 → Dans le manège

Circulation

En manège, ou en carrière, il y a un code de la route à respecter :

- conserver ses distances ;
- le cavalier qui est à l'allure la plus rapide a priorité sur la piste ;
- si deux cavaliers sont à la même allure, c'est le cavalier à main gauche qui est prioritaire.

← Le cavalier qui n'a pas la priorité passe en piste intérieure au moment de croiser l'autre cavalier.

Figures de base

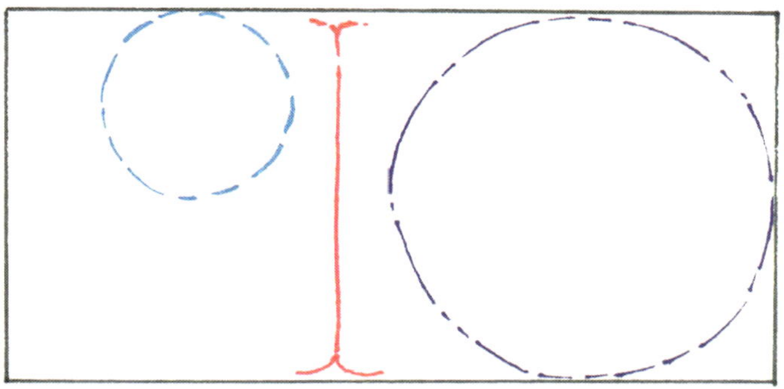

Volte.

Cercle.

Doubler dans la largeur.

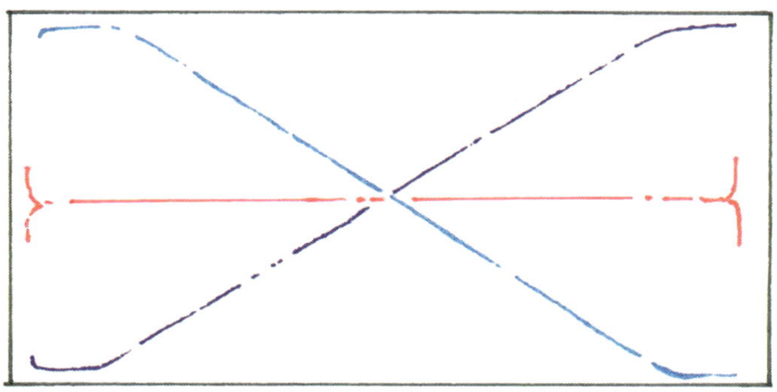

Diagonale quand on est à main droite.

Diagonale quand on est à main gauche.

Doubler dans la longueur.

Les diagonales font toujours changer de main, les voltes et les cercles jamais. Les doublers permettent les deux possibilités.

1→ Observer un troupeau

Comportement

Les poneys ont besoin de contact avec d'autres poneys : le groupe fonctionne avec un dominant qui a généralement la priorité sur l'accès à l'eau, à l'abri ou à la nourriture. Au sein d'un troupeau, se créent également des affinités entre poneys qui vont jouer ou rester ensemble.

↑ *Ensemble, pour la même activité.*

↑ *La taille n'a rien à voir dans le statut de dominant.*

↑ *Les poneys et chevaux ont besoin de relations sociales.*

↑ *Grooming (toilettage mutuel).*

Les cinq sens

- **L'ouïe** : les oreilles se mobilisent dans tous les sens comme des radars, le poney a une ouïe très performante et une mémoire auditive : il reconnaît les ordres, le bruit des aliments...
- **L'odorat** : lui permet de sentir son environnement ou les autres poneys et de les reconnaître. Très développé, la réaction aux odeurs se traduit par un retroussement de la lèvre supérieure (flehmen).

↑ *Flehmen.*

- **La vue** : le poney a une vision plus étendue que la nôtre. Il voit devant et sur les côtés sans tourner la tête, distingue les mouvements, et voit mieux que nous la nuit.
- **Le toucher** : tout le corps du poney est sensible, y compris la corne du pied. Il suffit de le regarder faire vibrer sa peau quand une mouche se pose sur lui. C'est cette sensibilité que l'on exploite pour se faire comprendre du poney en équitation grâce aux aides tactiles.
- **Le goût** : permet aux poneys d'avoir des préférences ou de rejeter certains aliments moisis ou toxiques.

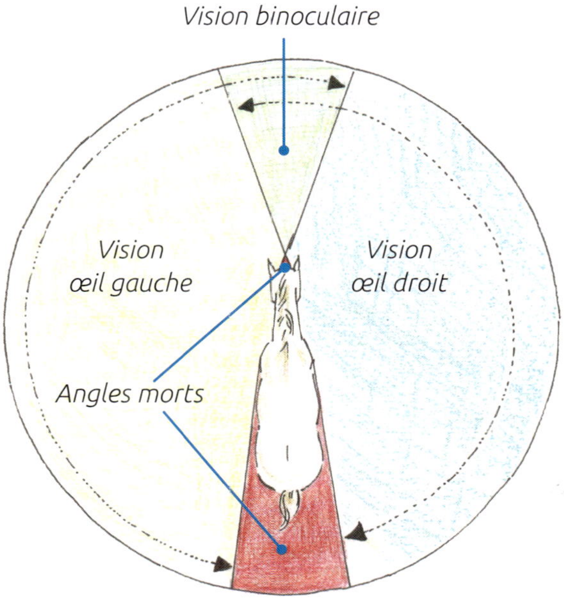

↑ *Il ne faut pas s'approcher de lui par derrière car il ne nous voit pas.*

↑ *Les vibrisses sur le nez et le menton sont des poils tactiles qui permettent au poney de sentir le relief là où il ne voit pas.*

2 → Pansage complet

Ce pansage complet doit te permettre de vérifier la santé de ton poney et de déceler d'éventuels bobos avant et après la séance.

- L'étrille, le bouchon, mais aussi la brosse douce : cette dernière brosse peut s'utiliser sur la tête. Elle sert aussi à faire briller le poil sur tout le corps.
- Curer les pieds devant et derrière.

↑ *1. Mets-toi à côté de l'épaule de ton poney et tourne le dos à sa tête.*

↑ *2. Appuie-toi sur lui pour le déséquilibrer, fais descendre ta main sur sa jambe et dis-lui : "Donne !"*

↑ *3. Garde son pied dans ta main et cure-le.*

↑ *4. Quand tu cures le sabot d'un postérieur, fais exactement pareil en restant sur le côté.*

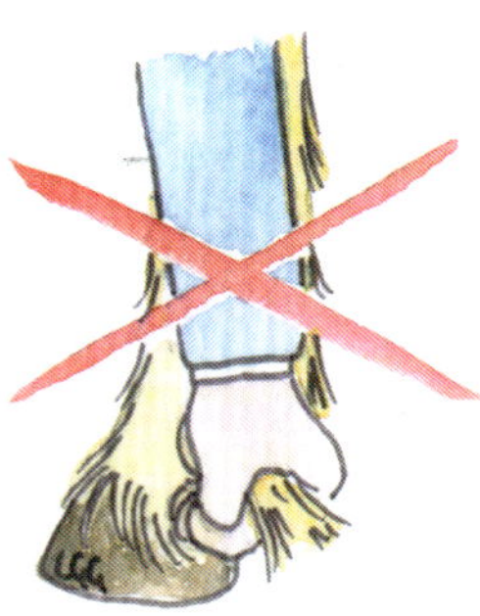

↑ *Ne tire surtout pas sur les fanons.*

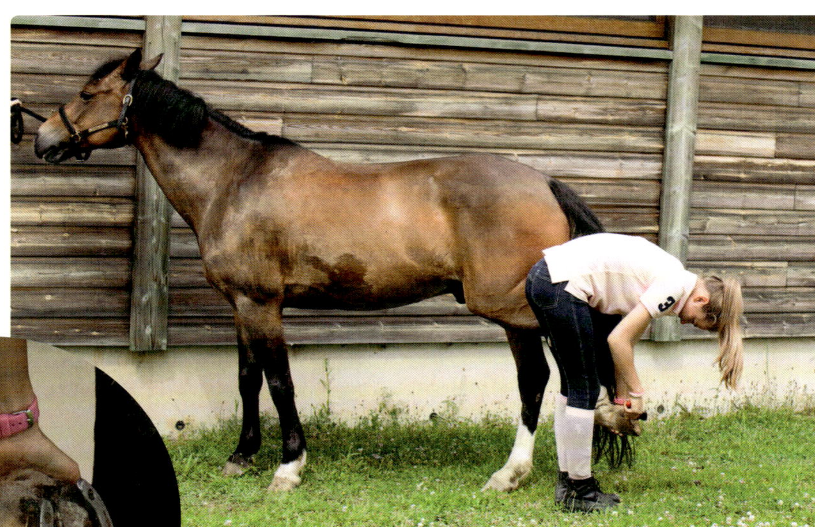

3 → Alimentation

Quel que soit l'hébergement, le poney doit avoir de l'eau propre en permanence et il faut adapter l'alimentation. Lors de la distribution d'eau ou d'aliments dans un troupeau, il faut faire attention à ne pas créer de conflits en étant suffisamment rapide.

Le poney est un herbivore avec un petit estomac : il doit manger peu mais souvent. Il peut boire de 10 à 40 litres par jour.

- Herbe et foin contiennent des fibres indispensables au poney.
- Les céréales : avoine et orge sont les principales céréales utilisées, elles apportent l'énergie.
- Les granulés et floconnés composés de foin et de céréales sont très pratiques pour calculer la ration.

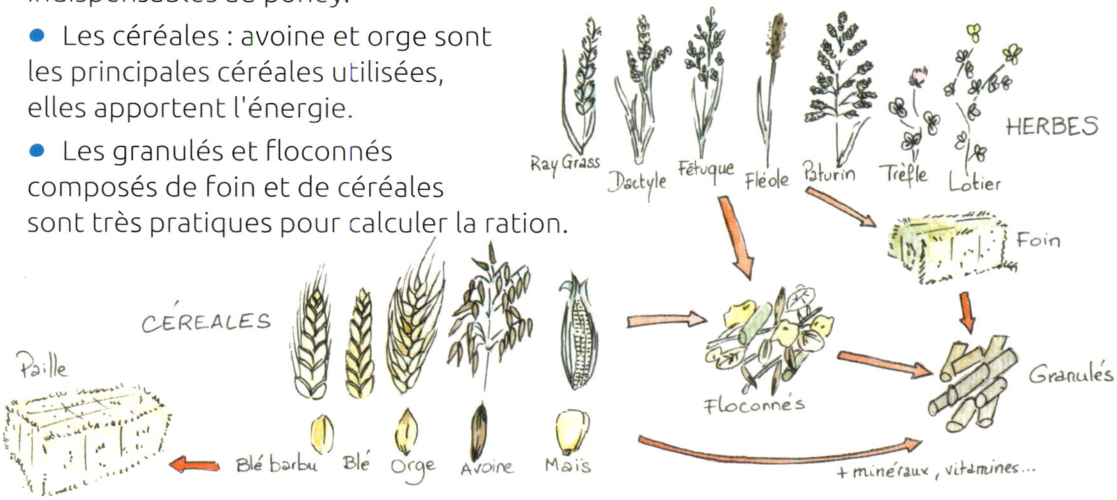

La bouche

Pour boire, le cheval aspire l'eau entre ses lèvres avant de l'avaler. Pour manger, il attrape les aliments avec ses lèvres et les fait reculer dans la bouche avec la langue pour les mastiquer.

Pour couper l'herbe, il utilise ses incisives.

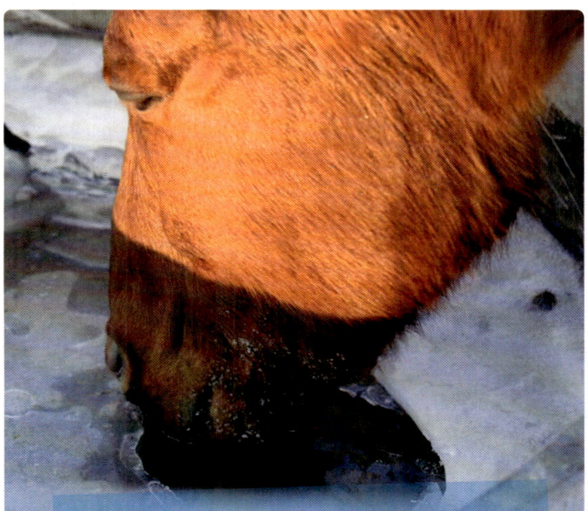

↑ En hiver, il est capable d'aspirer l'eau par un petit trou dans la glace.

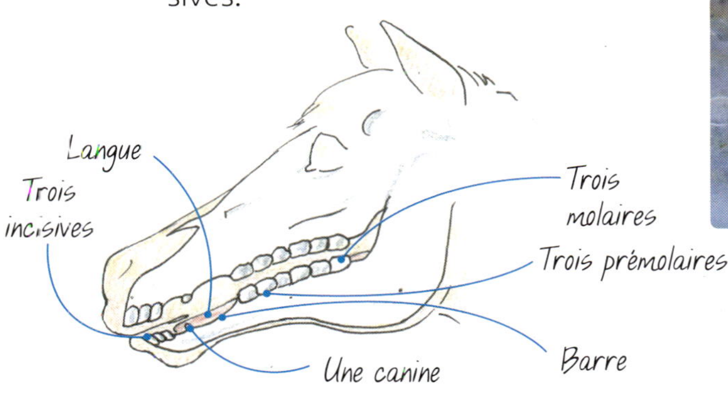

↑ Bouche du cheval.

Distribuer l'alimentation

Les poneys manifestent souvent de l'impatience quand ils entendent qu'ils vont être nourris. Cela se traduit par de l'excitation ou même des morsures ou des coups de pied. Il faut donc être précis et rapide.

- Mettre le foin là où il ne sera pas piétiné.
- Respecter la dose de foin et de granulés notée sur la porte du box.
- Laisser le cheval manger tranquillement.

↑ *Dans l'ordre on distribue l'eau, le foin et en dernier la ration de céréales. Si on donne les granulés en premier, la ration sera poussée dans l'intestin par le foin ou l'eau avant d'être digérée, ce qui peut rendre malade le poney (en colique).*

4 → Habiller son poney

La selle

↑ *Pour prendre ta selle facilement, fais-la glisser vers toi en la collant sous ton bras. Si tu dois la poser par terre, elle est déjà dans le bon sens. Pense à protéger le troussequin en mettant la sangle entre la selle et le mur. C'est une partie de la selle où le cuir est très fragile.*

A

B

C
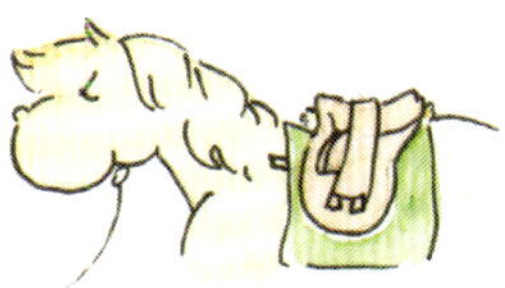

D
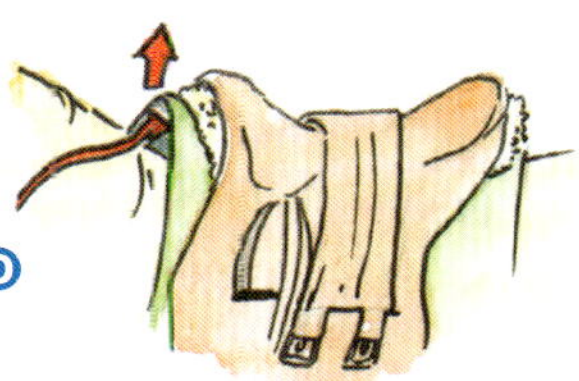

E
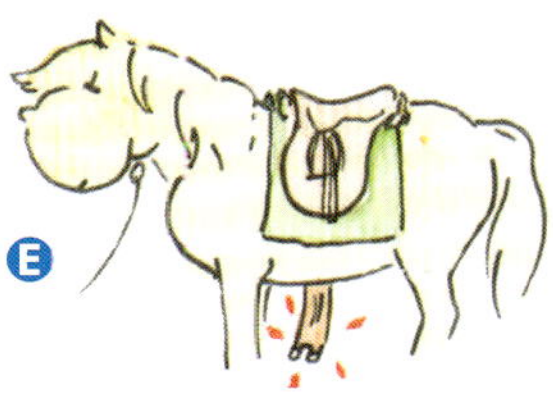

F

Ⓐ *Positionne le tapis sur la moitié de l'encolure avec les languettes vers les oreilles et fais-le glisser vers l'arrière (dans le sens du poil) en t'arrêtant sur le garrot.*

Ⓑ *Mets l'amortisseur avec le côté arrondi vers l'arrière s'il y en a un.*

Ⓒ *Pose la selle doucement, sans la jeter, sur le dos du poney.*

Ⓓ *Dégarrote : passe ta main entre le tapis et le poney et remonte le tapis jusqu'au pommeau de la selle ; rien ne doit frotter sur le garrot. Cela permet aussi de mettre la selle bien à sa place, pas trop en avant. Fais le tour de ton poney et vérifie que le côté droit de la selle est bien à plat en soulevant le grand quartier.*

Ⓔ *Descends la sangle sans cogner ses jambes avec les boucles.*

Ⓕ *Reviens à gauche et saisis la sangle sous son ventre pour l'attacher. Soulève le grand quartier et utilise le premier et le troisième contre-sanglons. Passe la languette du tapis dans le contre-sanglon du milieu qui est libre des deux côtés.*

La croupière

A

B

C

D

E

F

Ⓐ *La partie arrière de la croupière et qui s'attache sous la queue s'appelle le culeron. Il doit toujours être fermé.*

Ⓑ *Commence par le déboucler et pour ne pas piquer les fesses du poney avec l'ardillon...*

Ⓒ *... cache la boucle dans ta main droite,*

Ⓓ *soulève la queue avec ta main gauche et passe la main droite en dessous.*

Ⓔ *Ne t'occupe pas de la queue, elle va glisser toute seule de ton bras...*

Ⓕ *...et referme le culeron.*

N'attache pas la croupière en premier, elle risque de te gêner pour poser la selle au bon endroit.

Le filet

Mets les rênes sur l'encolure puis :

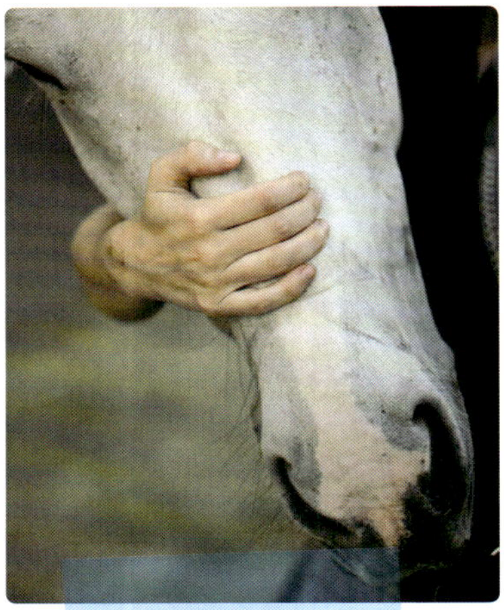

↑ Tiens la tête du poney.

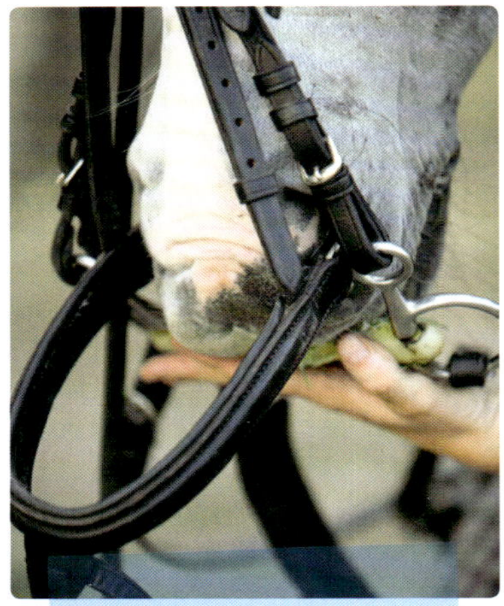

↑ Positionne le mors devant ses lèvres.

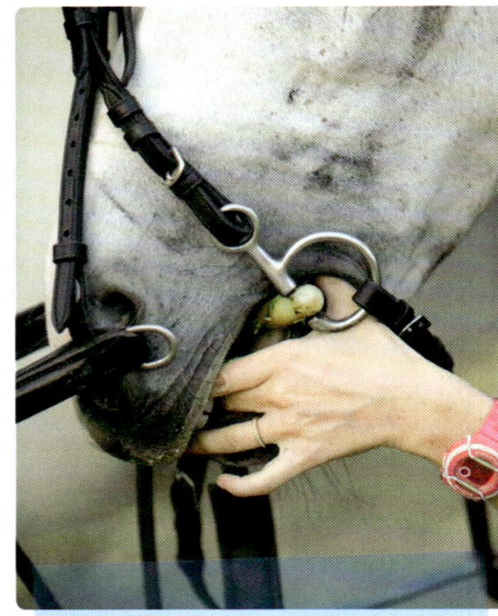

↑ Insère ton pouce à la commissure puis glisse le mors quand le poney ouvre la bouche.

↑ Passe les oreilles.

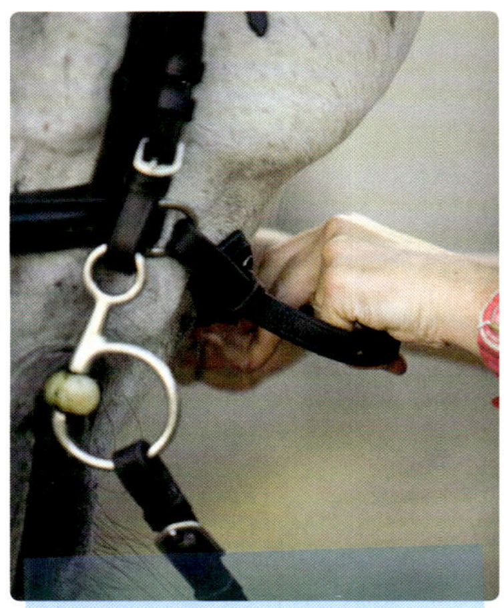

↑ Attache la muserolle...

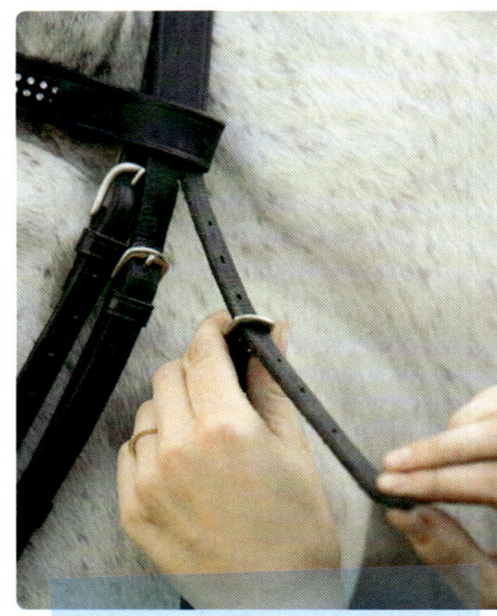

↑ ...et la sous-gorge.

↑ *Muserolle française.*

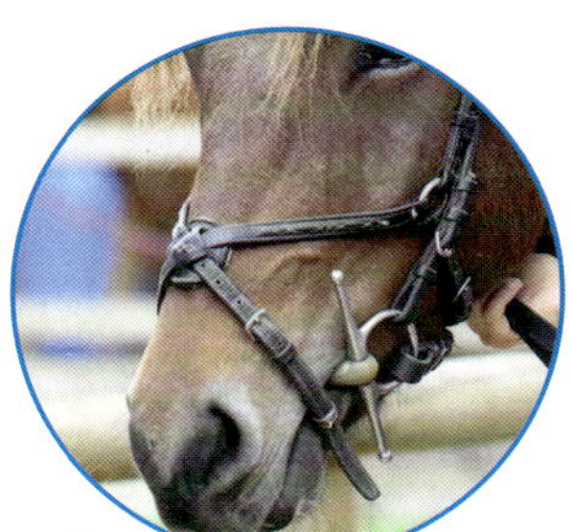

↑ *Muserolle croisée.*

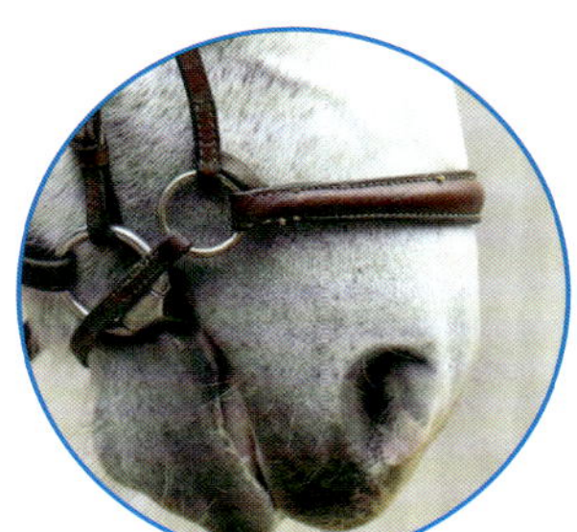

↑ *Muserolle allemande.*

↑ *Muserolle combinée.*

Le mors est en contact avec la commissure des lèvres et repose sur les barres (la gencive) à un endroit où il n'y a pas de dents.

↑ *N'attache jamais ton poney par les rênes : les seules places des rênes sont sur l'encolure ou dans tes mains.*

↑ *Pour plus de sécurité, remets le licol par-dessus le filet en attendant l'heure d'aller en cours.*

Entretien de la selle

- Détache la sangle des deux côtés et enlève les étrivières.
- Nettoie chaque partie avec du savon glycériné et une éponge humide.
- Après séchage, applique de la graisse à cuir avec un chiffon doux.

Si la selle n'est pas en cuir, frotte la saleté avec une brosse. Tu peux également nettoyer la sangle avec de l'eau et du savon normal mais il faudra bien la laisser sécher.

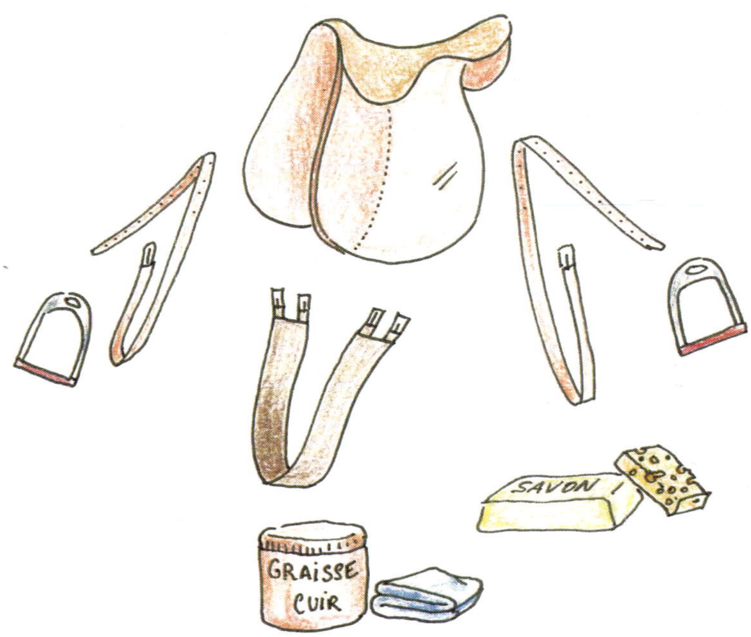

• À pied

• À poney

1→ Mener

Mener au pas et au trot

Le poney doit conserver sa place par rapport à toi, s'adapter à ta vitesse en marchant ou en trottant sur les lignes droites et les courbes. Si tu as besoin de tendre la longe pour les transitions, agis en répétant les actions.

↑ *Tenir la longe à vingt centimètres de la bouche sans la tendre.*

N'enroule pas la longe autour de tes doigts ou de ton poignet. ↓

Reculer

Arrête le poney et place-toi devant lui. Avance vers lui le bras tendu. Si ton poney recule avant que la longe ne se tende, arrête-toi et caresse-le. S'il ne recule pas, commence par tendre légèrement la longe vers l'arrière ou pose la main sur son poitrail. Augmente doucement la pression jusqu'à ce qu'il recule d'un pas et caresse.

2 → Déplacer une partie du corps

Le principe : on exerce une poussée sur une partie du corps du poney et le poney doit répondre, non pas en te repoussant mais en se retirant (cédant).

↑ *Quand le poney connaît l'exercice, il répond à une simple pression du licol.*

La tête

- **Vers le haut** : prends la tête par le dessous (l'auge) et soulève doucement.
- **Vers le bas** : tends la longe vers le bas, maintiens une petite pression jusqu'à ce que le poney descende la tête, accompagne jusqu'au sol en te baissant.
- **À droite ou à gauche** : attire ou pousse la tête d'un côté ou de l'autre avec une main sur le chanfrein.

Si ton poney bouge place-toi du côté de la flexion ; pose une main sur la base de l'encolure, l'autre sur le chanfrein. Appuie sur l'encolure en même temps que tu attires la tête de ton côté.

← *Ton poney doit se pousser sans que tu le touches.*

Les hanches

- Place-toi à côté de l'épaule, attire légèrement la tête vers toi et avance d'un pas franc vers les hanches en faisant un claquement de langue. Dès qu'il bouge caresse. S'il ne bouge pas, appuie ta main sur sa hanche ou positionne une cravache le long de son arrière-main.
- À l'attache, cela peut paraître plus simple car le cheval ne peut pas avancer. Mais n'oublie pas d'attirer très légèrement la tête de ton côté pour lui faciliter le mouvement.

Les épaules

Place-toi à côté du poney, marche vers l'encolure. Ton poney doit te céder la place en déplaçant ses antérieurs. S'il ne comprend pas, appuie légèrement sur son épaule.

Garde la tête légèrement de ton côté pour déplacer les épaules. →

1→ Monter

Monter

Ressangle avant de monter. Si tu t'équipes d'une cravache, mets-la dans la main gauche avec les rênes et un peu de crinière.

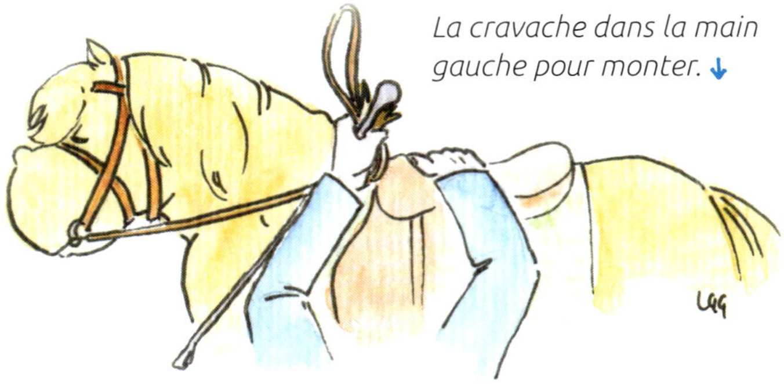

La cravache dans la main gauche pour monter. ↓

Sauter à poney

Quand il n'y a pas d'étriers, il faut sauter à poney.

↑ *Appuie tes deux mains sur le dos du poney ou la selle, Saute pour te mettre à plat ventre sur son dos, passe ta jambe droite par-dessus la croupe, redresse-toi seulement à la fin.*

Ressangler à poney

Une fois à poney, vérifie le sanglage. En général, on ressangle après le trot car le poney dégonfle un peu son ventre en travaillant.

← *Quand tu ressangles à poney, fais attention à ne pas te prendre les pieds dans les rênes.*

Régler ses étriers

Tu peux prérégler tes étriers avant de monter avec la longueur de ton bras. Une fois à poney, pour finir d'ajuster leur longueur, enlève-les et passe la jambe par-dessus le quartier, soulève le petit quartier pour accéder à la boucle d'étrivière.

← *Fais glisser la boucle vers la selle pour raccourcir la longueur, et vers l'extérieur pour allonger.*

À poney

2 → Les aides et leur gradation

Chaque aide peut se doser, donc être utilisée plus ou moins fortement. L'objectif est d'obtenir une réponse du poney avec des aides les plus discrètes possibles.

	Neutre(s)	Active(s) - Avancer	Active(s) - Ralentir
Assiette	Accompagne le mouvement.	Augmente le mouvement en accentuant le mouvement dans la selle.	Ralentit l'allure en s'arrêtant de fonctionner.
Jambes	Simplement au contact.	Pression discontinue des mollets.	
Mains	Accompagnent le mouvement.		Ralentissent l'allure en arrêtant d'accompagner. Arrêtent en serrant les doigts pour résister.

- **La voix** : l'intonation est aussi une question de dosage, aussi importante que les mots utilisés.
- **La cravache** : s'utilise pour renforcer une action de jambe ignorée par le poney. Les deux rênes dans une main, utilise-la juste derrière ton talon.

↑ *Pour utiliser la cravache, libère ta main en mettant les deux rênes dans l'autre main. Donne un petit coup juste derrière ta jambe, en continuant à regarder devant toi.*

↑ *Surtout, ne garde pas ta rêne dans la main, sinon elle va tirer sur la bouche, ne regarde pas l'endroit où tu utilises la cravache, n'utilise pas la cravache trop en arrière ou trop haut.*

À poney

3 → Manipuler les rênes au trot

Sans perdre l'équilibre et le rythme du trot enlevé, prends des rênes de différentes façons : une dans chaque main, les deux rênes dans la même main, allonge-les, raccourcis-les, et en faisant tout cela, ne fais pas tomber ta cravache.

4→ Alterner les différents équilibres aux trois allures

Quand tu changes d'équilibre, tes mains changent de place : elles avancent quand tu te mets en équilibre et elles reculent quand tu te rassois. Tu dois alors ajuster la longueur des rênes en les raccourcissant ou en les laissant glisser.

↑ *Raccourcis les rênes avant de te mettre en équilibre, rassieds-toi en les laissant glisser.*

5→ Changer d'allure et diriger

Pour changer d'allure : coordonne tes aides selon le tableau (page précédente).

- **Partir au pas** : utilise les deux jambes ensemble, sans les mains, à partir de l'arrêt.
- **Partir au trot** : utilise les deux jambes ensemble, sans les mains, à partir du pas.
- **Partir au galop** : recule ta jambe extérieure, et demande le départ avec ta jambe intérieure.
- **Maintenir l'allure** : accompagne l'allure avec toutes tes aides, sans gêner le poney.
- **Pour ralentir** : agis sur les rênes en te redressant.

Pour diriger au trot : prépare ton poney plus tôt qu'au pas, et dose tes aides en fonction de la courbe, sans ralentir.

- Regarde où tu vas.
- Tourne avec tes deux mains.
- Maintiens l'allure avec tes jambes si besoin.

Du côté où tu tiens ta cravache, enlève la rêne d'un doigt : ton petit doigt va séparer ta rêne et ta cravache. →

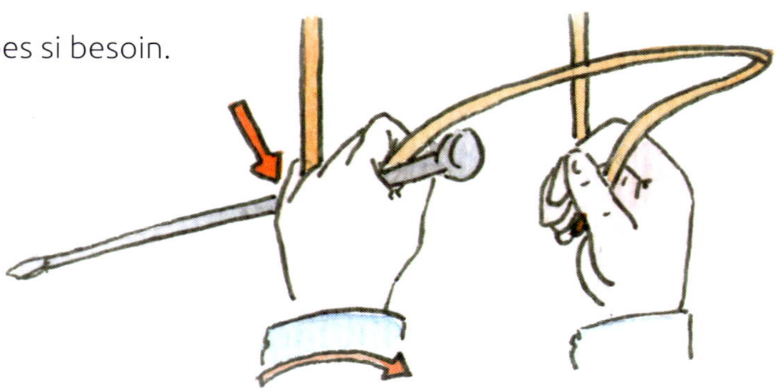

6→ Découvrir le saut

Pour laisser ton poney sauter, tu dois te mettre en équilibre sur les étriers, regarder loin et rester le plus souple possible. Ne regarde pas la barre, ne te rassieds pas et ne saute pas non plus dans tes étriers.

↑ Mets-toi en équilibre et reste souple. ↓

1→ Les disciplines

- **Le dressage** : un cavalier enchaîne des figures dans un rectangle de dressage entouré de lettres pour se repérer.
- **Le saut d'obstacles** : le poney et le cavalier enchaînent des obstacles numérotés, dans l'ordre, et si possible sans faire tomber de barres.
- **Le cross** : le poney enchaîne des obstacles naturels en terrain extérieur et varié, avec des montées et des descentes.
- **Les pony-games** : ce sont des jeux à poneys et par équipes, avec des relais et des objets à prendre et à déposer.
- **La voltige** : un poney tourne à la longe pendant qu'un cavalier fait des figures de gymnastique sur son dos.
- **L'attelage** : le poney tire une voiture dans laquelle sont assis le meneur et un coéquipier.
- **Le horse-ball** : c'est un jeu où deux équipes s'affrontent à l'aide d'un ballon qu'il faut faire rentrer dans un panier.
- **L'endurance** : épreuves d'extérieur courues à vitesse imposée ou libre sur un itinéraire balisé de plusieurs kilomètres.
- **Les disciplines para-équestres** : grâce au cheval, le cavalier handicapé peut se donner de vrais objectifs sportifs. La compétition équestre handisport est gérée par la Fédération française handisport avec le soutien de la Fédération française d'équitation.

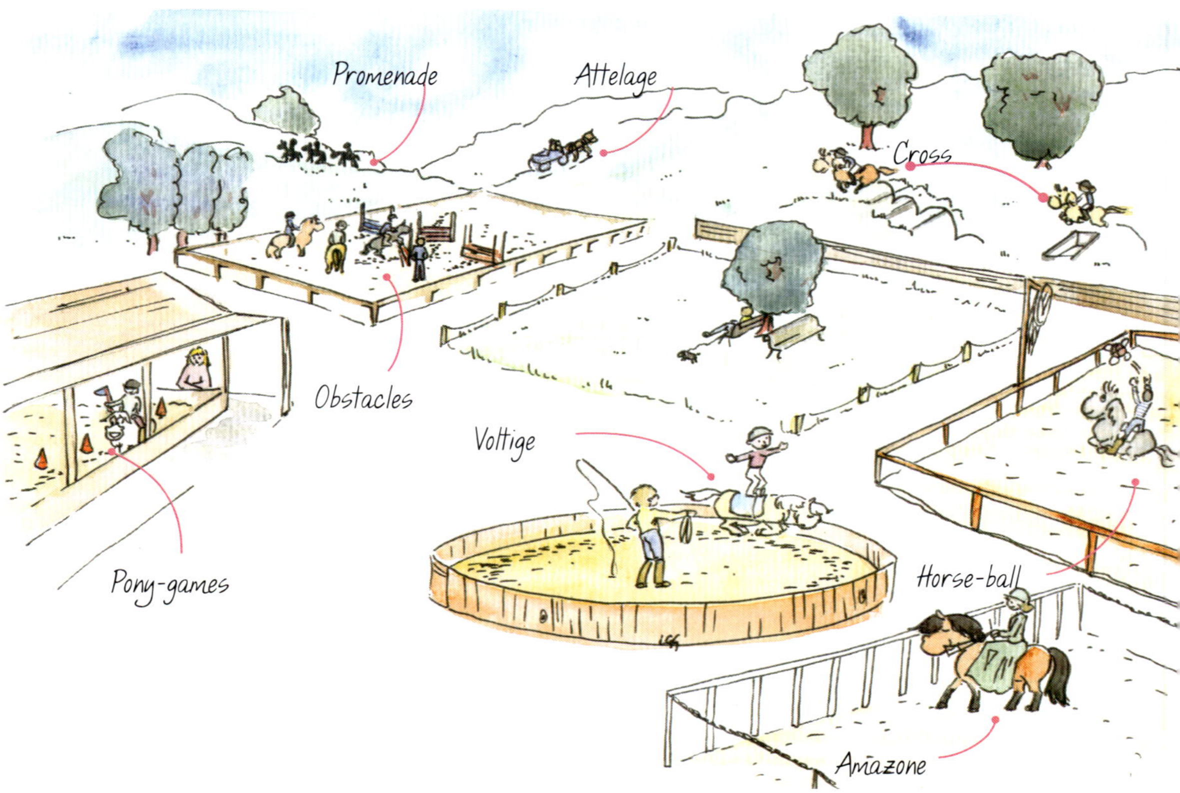

Pony-games.

Concours de saut d'obstacles.

Trec : technique de randonnée équestre en compétition.

Il existe une trentaine de disciplines parmi lesquelles encore : le hunter, l'amazone, le trec, le polo, l'équifun, l'équifeel, l'équitation camargue, portugaise, islandaise, western, le reining, la doma vaquera, les courses, la vénerie.

2 → La litière

La litière est un matelas de paille ou de copeaux où le poney peut se coucher et faire ses besoins. La paille n'est pas un aliment mais les poneys la grignotent quand ils s'ennuient. La litière doit être changée régulièrement.

- **Nettoyer** : tous les jours, on enlève les crottins et les plaques d'urine qu'on remplace par de la paille propre en la faisant remonter le long des murs (box en bateau).

La paille propre remonte sur les murs pour le plus grand confort du poney, c'est la "litière en bateau". En hiver, on peut garder les sous-couches (le gâteau) car il conserve la chaleur.

- **Changer** : une fois par semaine, le box ou la stabulation sont entièrement vidés et désinfectés.

Chaque fois que tu entres dans un box, vérifie la propreté de l'abreuvoir et de la mangeoire.

Il existe différentes litières : de paille (la plus courante), de copeaux (lorsque les poneys sont allergiques à la paille ou gloutons), de granulés de bois.

Paille de blé.

3 → Robes et races

Déclinaisons des robes de bases

- **Bai** : isabelle (corps alezan très clair), souris (corps gris).
- **Alezan** : alezan brûlé, café au lait, palomino.

↑ *Poney isabelle.*

Les marques blanches

- **Liste sur le chanfrein** : grande, déviée.
- **En-tête sur le front** : pelote, étoile, quelques poils.
- **Balzanes sur les jambes** : petites, grandes, hautes chaussées.

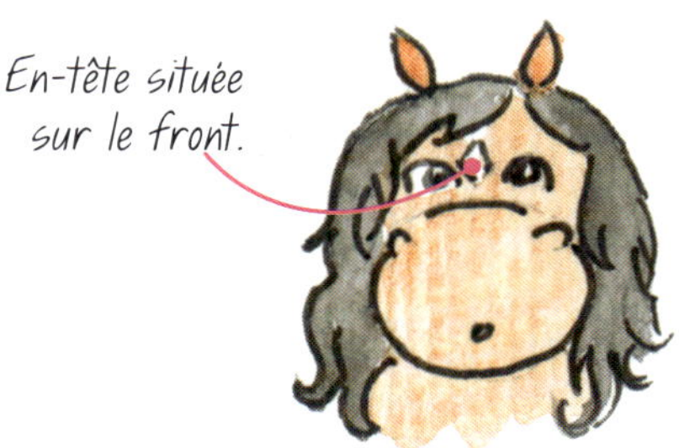

↑ *Grandes balzanes.*

↑ *Quelques poils en tête.*

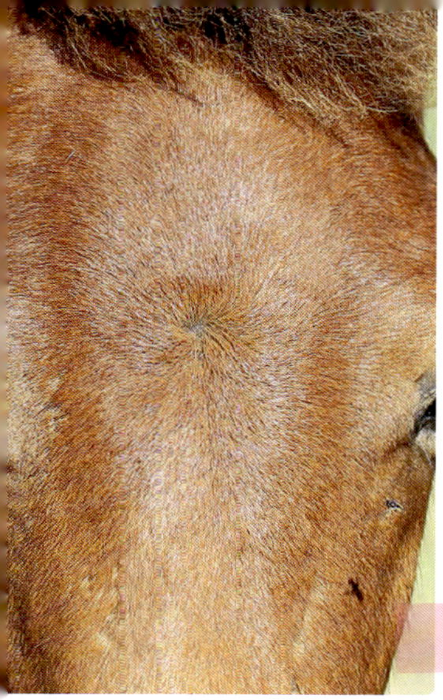

Les épis

Ce sont des ensembles de poils orientés autour d'un point (ou parfois d'une ligne), vers l'extérieur ou l'intérieur.

← Ce poulain a un épi divergent au milieu du front.

Les races

Tu peux t'aider des robes pour reconnaître certaines races.

- **Palomino** : haflinger (poney).
- **Isabelle** : fjord (poney).
- **Tacheté** : appaloosa.
- **Noir** : frison (cheval), mérens (poney).
- **Gris** : camarguais (poney).
- **Zébrures** : henson.

Mais en général on reconnaît les races grâce à la silhouette du poney ou du cheval.

- Le cheval arabe et le poney welsh ont un profil concave, le lusitanien a un profil busqué.
- Le quarter horse a une croupe puissante.
- Le poney hackney a des allures très relevées.
- Le shetland est "une grosse boule de poils".
- Le shire est le plus grand de tous les chevaux…

4 → Mécanisme du pas et du trot

	Pas	Trot
Temps	4	2
Vitesse	7 km/h environ.	14 km/h environ.
Comment	Postérieur droit. Antérieur droit. Postérieur gauche. Antérieur gauche.	Diagonal droit. Suspension. Diagonal gauche. Suspension.
Caractéristique	Marchée.	Sautée.
Symétrie	Oui.	Oui.

Le pas.

Le trot.

5→ Les parties du poney et le pied

La tête et les membres

La tête.

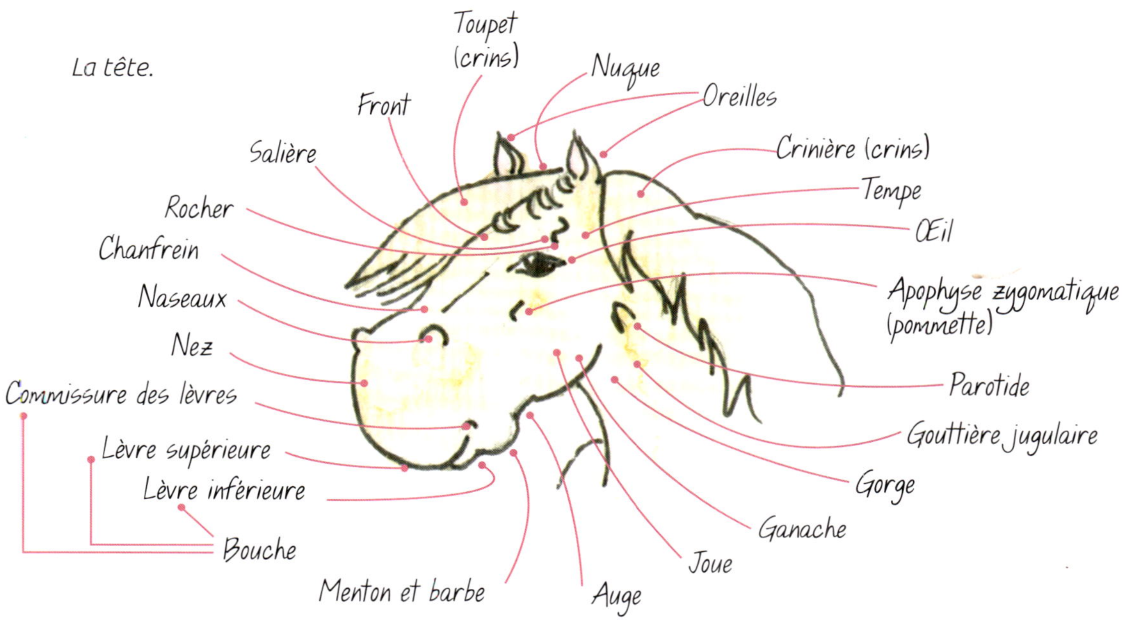

Les membres.

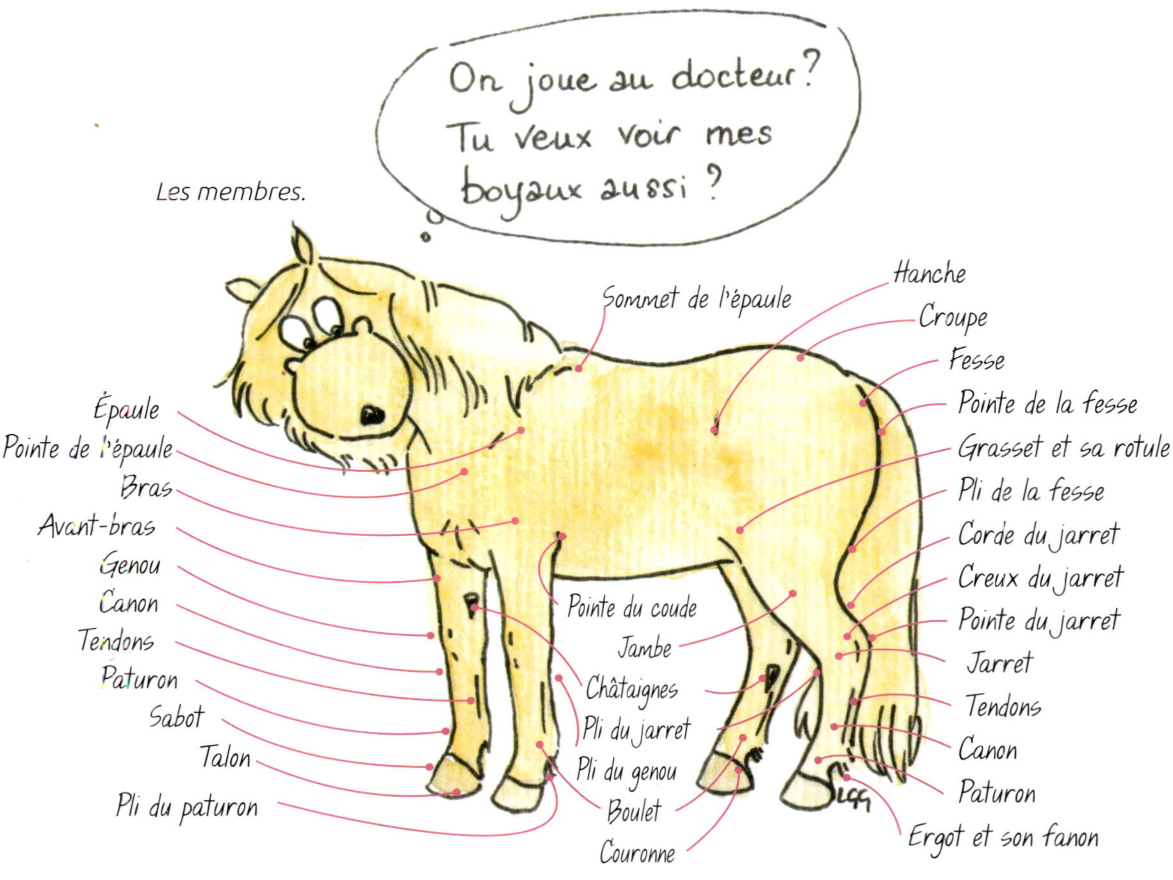

Le sabot

- Les sabots se parent régulièrement afin qu'ils ne soient pas trop longs. Lorsqu'ils sont secs, tu peux appliquer de la graisse à sabots (ou onguent) pour les nourrir ou les assouplir.
- Certains sabots sont ferrés, les fers protègent les pieds d'une usure trop rapide. Ils sont changés toutes les six semaines environ. Quand tu cures les pieds, vérifie qu'ils ne manquent pas de clous et que le fer ne bouge pas.

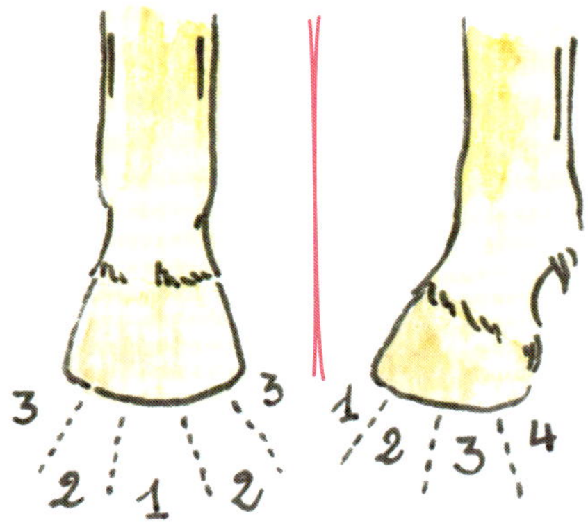

↑ *Le sabot est découpé en différentes zones :*

1 *la pince ;*

2 *les quartiers ;*

3 *les mamelles ;*

4 *les talons.*

↑ *Le sabot vu de dessous.*

↑ *À gauche, un fer d'antérieur avec un seul pinçon. À droite, un fer de postérieur avec deux pinçons.*

Fer sur un sabot, vu de dessous. →

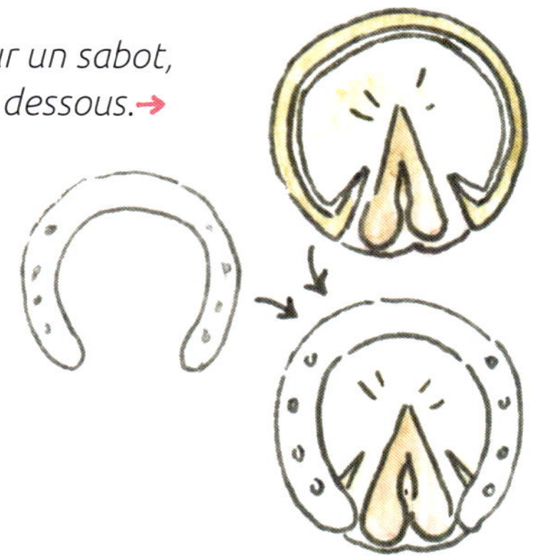

6→ Les figures complexes

Ces deux figures servent à changer de main. →

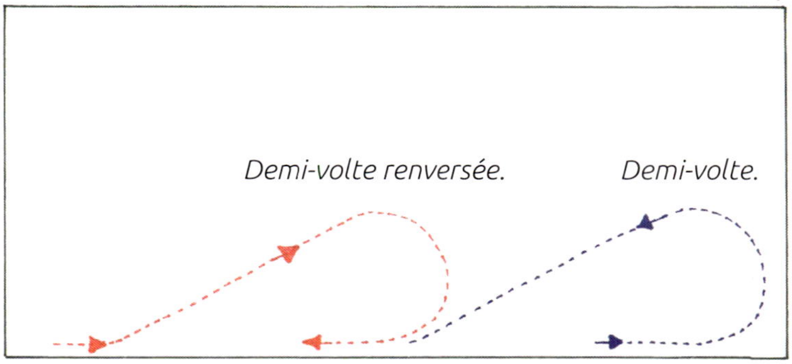

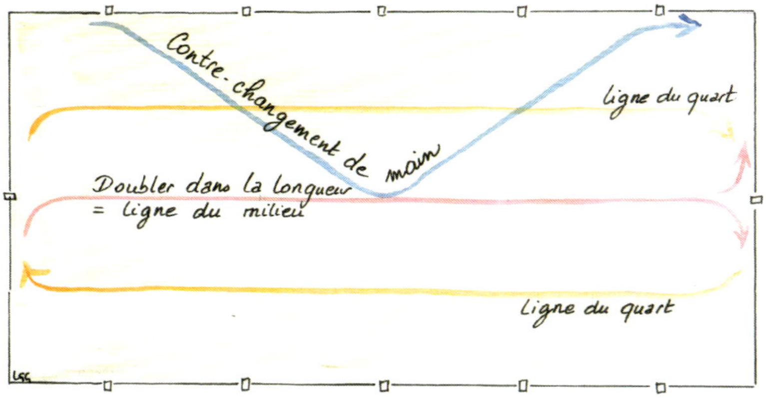

Serpentine trois boucles. →

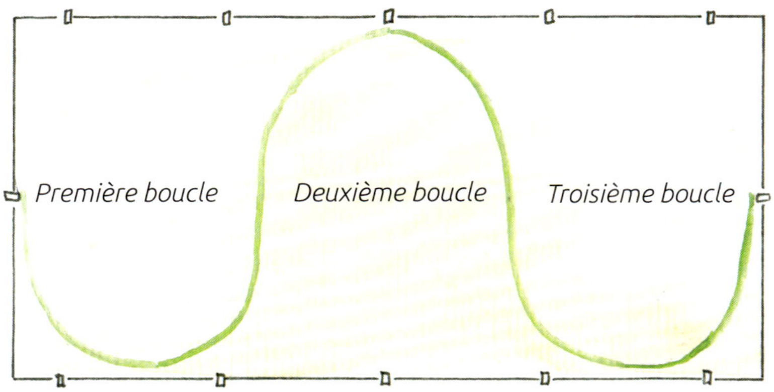

Mais à quoi servent donc les figures ?

Elles t'obligent à canaliser ton poney et te permettent de te rendre compte s'il obéit correctement à tes aides.

- Est-ce qu'il se couche sur les voltes ?
- Est-ce qu'il coupe la fin des doublers ?
- Est-ce que tu es capable de le faire partir au galop à un endroit précis ?
- Est-ce qu'il ralentit à la demande ?

Les figures sont également un révélateur : elles évaluent TA capacité à transmettre des informations précises à ton poney.

Staff

1 → Le poney au naturel

Le poney et le cheval fractionnent leurs journées en :

- 12 à 16 heures à brouter, le jour et la nuit ;
- 6 heures de repos par petites pauses, debout ou couchés ;
- le reste : jeu, toilettage, rapport sociaux.

Quelques définitions

- Le **troupeau** est un groupe de poneys ou de chevaux qui vivent ensemble.
- La **hiérarchie** représente l'organisation des rapports au sein du troupeau.
- La **dominance** est un de ces rapports : le membre dominant est d'un rang supérieur et a des privilèges par rapport aux autres membres du troupeau : accès à l'eau, à la nourriture, à l'abri en priorité.
- L'**instinct grégaire** est cette tendance des poneys et des chevaux à se regrouper. Ce ne sont pas des animaux solitaires. Cela peut provoquer quelques soucis : on a du mal à séparer un poney du groupe, certains prennent des tics d'écurie car ils s'ennuient tout seuls, quand un poney a peur, ils ont tous peur.

← Oreilles plaquées en arrière signifiant à un autre poney : "Laisse-moi tranquille."

- Quand certains poneys ou chevaux s'entendent bien ensemble, on parle d'affinités. Ils peuvent se gratter l'un l'autre ou chasser les mouches l'un de l'autre en se mettant tête-bêche.

2 → Démonter, remonter, ajuster un filet

Pour nettoyer et entretenir le cuir, démonte entièrement le filet en retenant le réglage des boucles. Nettoie avec une éponge et du savon glycériné, puis passe un peu de graisse à cuir avec un chiffon doux.

Enfin remonte le filet… dans le bon sens.

Le filet est ajusté quand le mors fait un à deux plis à la commissure des lèvres.

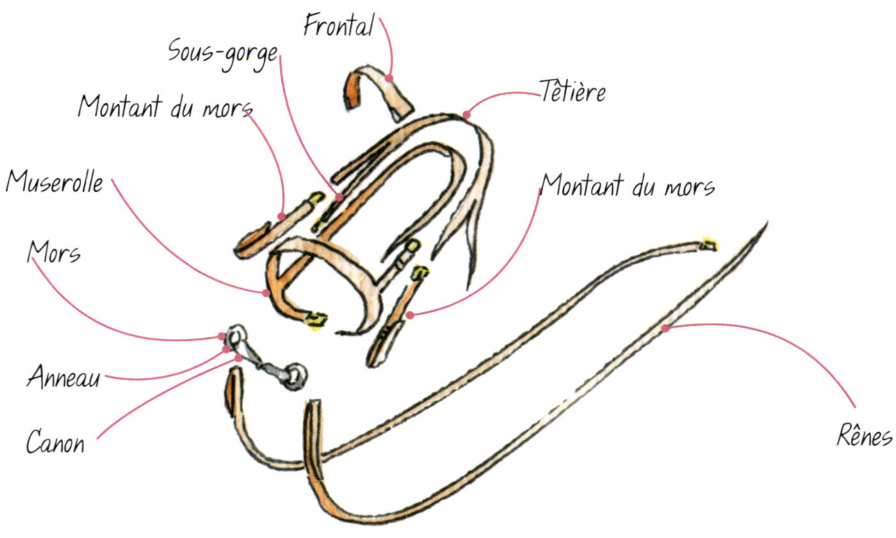

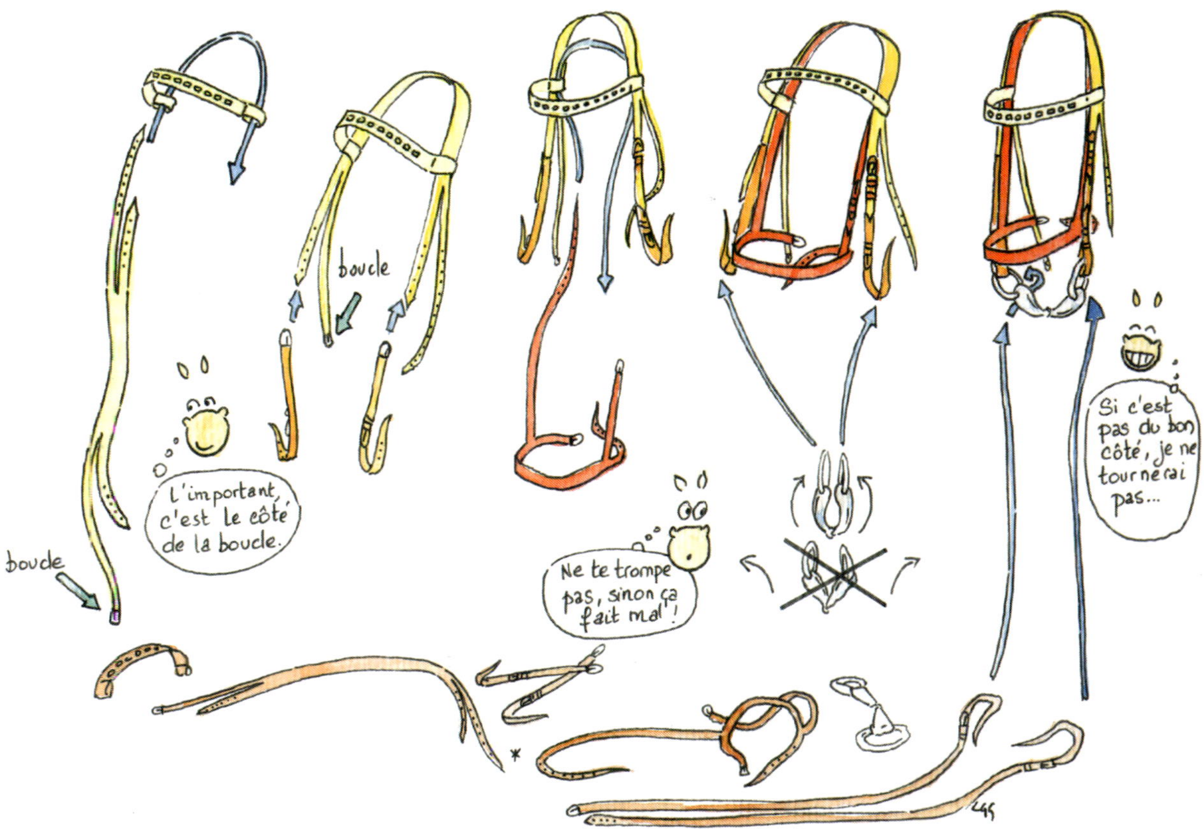

- Trouve le frontal et la têtière/sous-gorge : fais passer le côté sans boucle dans le frontal.
- Trouve les montants du mors et accroche-les aux petits sanglons de la têtière.
- Trouve la muserolle, passe-la dans le même sens, sous la têtière et ferme la boucle.
- Il reste le mors et les rênes : prends le mors et essaie de le refermer pour connaître son sens : c'est le sens où les deux bouts se rejoignent le plus.
- Accroche-le aux montants du mors.
- Suspends bien ton filet pour la dernière étape et accroche les rênes à l'arrière des anneaux du mors.

3→ Pansage complet

Utilise les trois brosses comme tu en as l'habitude et le cure-pied. Après ce premier pansage, tu peux nettoyer la robe avec une époussette qui permet de faire briller le poil et une éponge.

← *Il existe une étrille en fer qui est très efficace quand le poney est plein de boue séchée comme quand il revient du pré.*

↑ *Pour nettoyer ton étrille lorsqu'elle est sale, frappe-la par terre.*

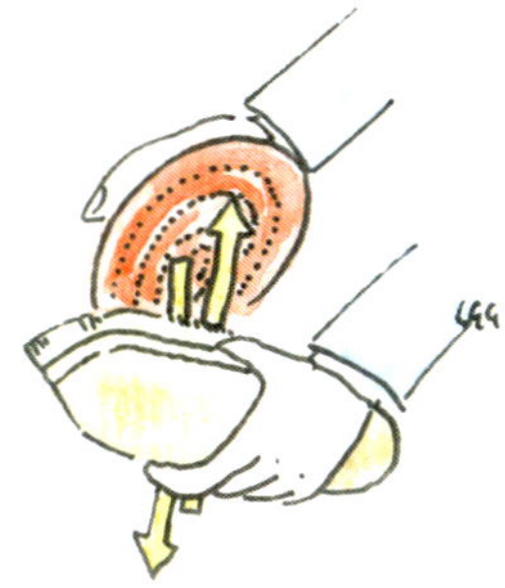

↑ *Pour nettoyer le bouchon ou la brosse douce lorsqu'ils sont pleins de poils, frotte-les contre l'étrille, puis frappe l'étrille au sol pour la nettoyer à son tour.*

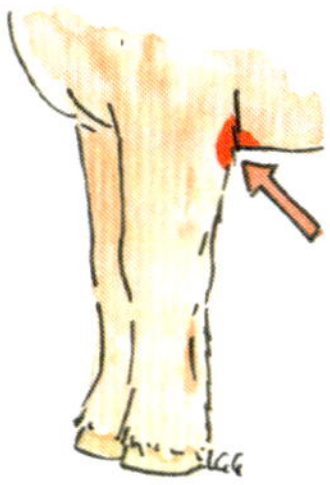

↑ *Quand le poney se couche, il salit beaucoup ses coudes, n'oublie pas de les nettoyer.*

↑ *Soulève la crinière pour brosser toute l'encolure.*

← *Avec la brosse douce, passe délicatement derrière les oreilles, là où tu poses le filet.*

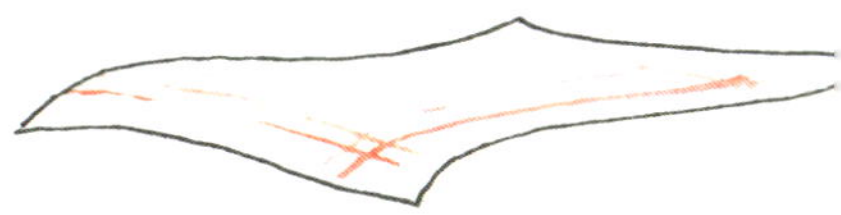

↑ *L'époussette est un chiffon en coton.*

← *À la fin de ton pansage, passe ta main sur le corps du poney : partout où c'est doux, c'est propre. Si tu sens un endroit rugueux, reprends le bouchon pour le brosser surtout si c'est un endroit où il y a du matériel (filet, sangle, selle).*

↑ *Bouchonne ton poney avec un peu de paille sèche s'il est mouillé en hiver.*

Lorsque ton poney a transpiré, tu peux le bouchonner avec un peu de paille sèche : elle va absorber l'humidité et t'aider à le sécher pour qu'il ne prenne pas froid.

Avec une éponge, nettoie les yeux, les naseaux, la bouche, puis le fourreau ou la vulve et l'anus.

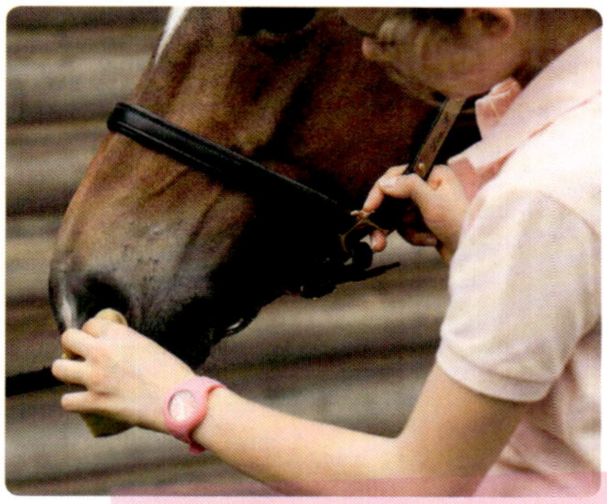
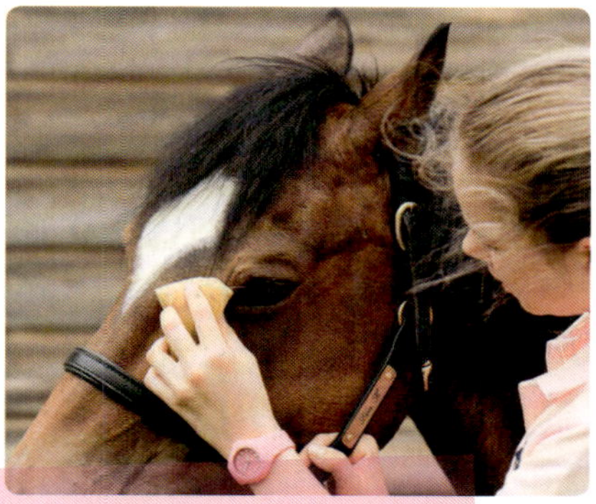

↑ Rince bien l'éponge entre chaque endroit à nettoyer. ↑

4 → Graisser, doucher

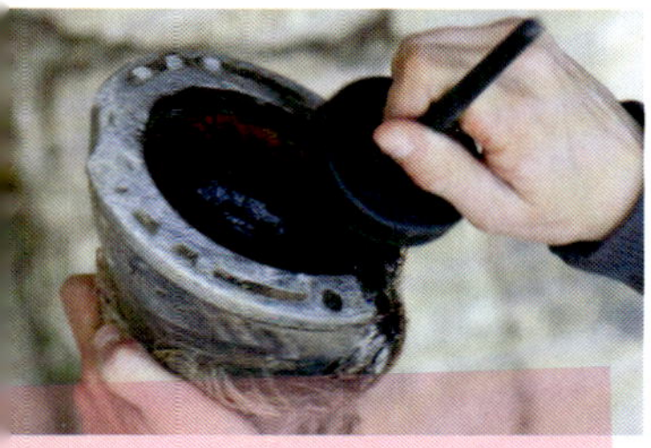

↑ Passe la graisse d'abord sous le pied, puis au-dessus.

Tu peux graisser les sabots avec un onguent spécial. Si tu dois doucher, fais-le avant la douche.

Douche les membres de ton poney lorsqu'il ne fait pas trop froid, en faisant remonter le jet le long des membres.

Quand il fait très chaud, tu peux doucher tout le corps de ton poney. Après cette douche, élimine toute l'eau en trop avec un couteau de chaleur.

↑ Douche les membres après le graissage des sabots.

← Commence la douche par les membres, puis règle le jet en grosse pluie pour continuer par l'avant-main, et finir par le dos et la croupe.

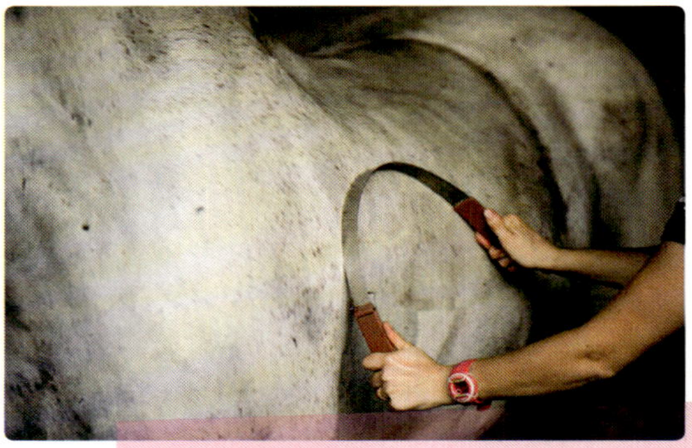
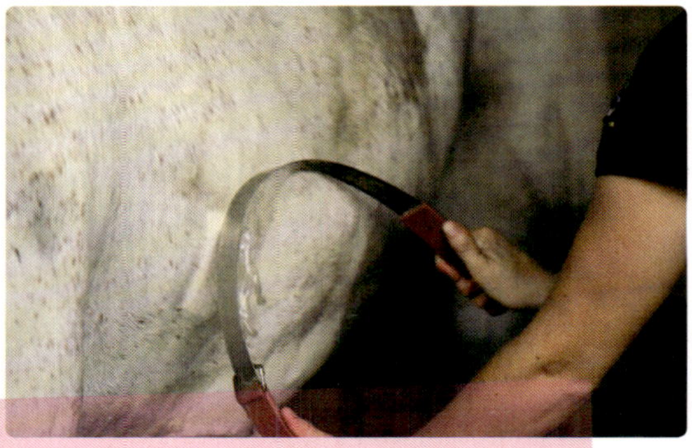

↑ Après la douche, passe le couteau de chaleur dans le sens du poil ↑ et vers le bas pour enlever l'excédent d'eau.

À pied

1 → Courbes serrées

- **Enchaîner des courbes serrées au pas** : perfectionne ta communication pour enchaîner et tourner court car ton poney doit comprendre où aller à une simple indication de ton bras, sans tendre la longe.

← *Tourner sans tendre la longe.*

À pied

2 → Perfectionnement

↑ *Tu peux aussi faire une barrière avec ta longe et avancer lentement vers ton poney pour le faire reculer.*

- **Reculer quelques foulées** : face à ton poney, avance d'un pas franc en tendant ton bras vers l'avant. Fais autant de pas que tu veux qu'il en fasse, en t'aidant d'un ordre vocal si besoin. Arrête et caresse ou bout de quelques pas droits.
- **Déplacer les hanches sur plusieurs pas** : mets-toi à côté de l'épaule, attire légèrement la tête vers toi, et avance d'un pas franc vers ses hanches. Lorsqu'il bouge ses hanches, répète un deuxième pas franc, et ainsi de suite. Caresse au bout de quelques pas.
- **Déplacer les épaules sur plusieurs pas** : à côté du poney, marche vers l'encolure pour que ton poney te cède la place en déplaçant ses épaules. Dès qu'il bouge, renouvelle ton pas franc. Caresse après quelques pas.

Déplace les hanches et les épaules des deux côtés.

Commence par déplacer les hanches...

... puis les épaules.

1 → Les aides

Les aides peuvent agir, céder et résister

Agir	Céder	Résister
Mains : action brève, discontinue, répétée en rythme avec l'allure de bas en haut, en soutenant les poignets sans traction vers l'arrière les doigts serrés sur les rênes.	**Mains :** les doigts se desserrent légèrement **en avant et vers le bas,** sans perdre le contact.	**Mains :** sans brutalité ni brusquerie, les doigts se serrent et restent serrés un instant, les coudes sont solidement attachés au corps.
Jambes : pression discontinue, d'intensité différente en fonction des réponses attendues, à la sangle ou en arrière de la sangle.	**Jambes :** les jambes se relâchent en restant plus ou moins en contact avec les flancs du cheval.	**Jambes :** sans brutalité ni brusquerie, la jambe s'oppose au déplacement latéral.
L'assiette : actives, les fesses chassent vers l'avant.	**L'assiette :** passif, le rein accompagne les mouvements du cheval.	**L'assiette :** actif, le rein se bloque et limite au maximum les mouvements des fesses dans la selle.

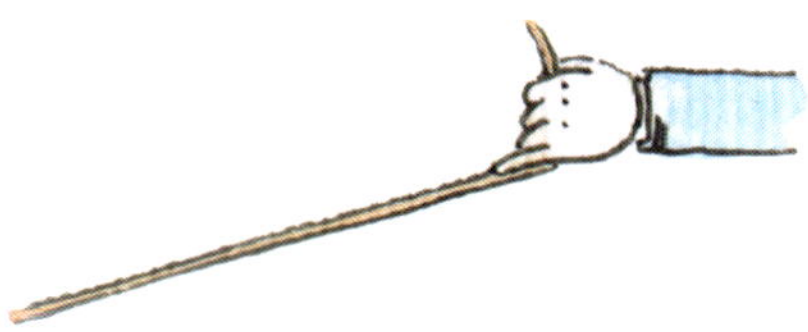

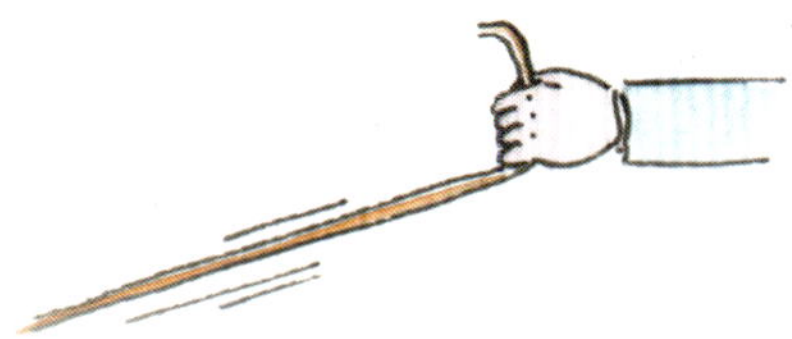

↑ *En serrant et desserrant tes doigts, tu tends plus ou moins les rênes : tu agis et tu cèdes. Si tes doigts restent serrés, tu résistes.*

Pour tourner

↑ *Quand tu utilises les deux rênes dans la même main, fais bien attention de garder cette main au centre quand tu veux aller tout droit.*

Pour tourner, avance légèrement la main et déplace-la sur le côté où tu veux aller. La rêne extérieure va venir faire un barrage et pousser le poney. Cela s'appelle une "rêne d'appui".

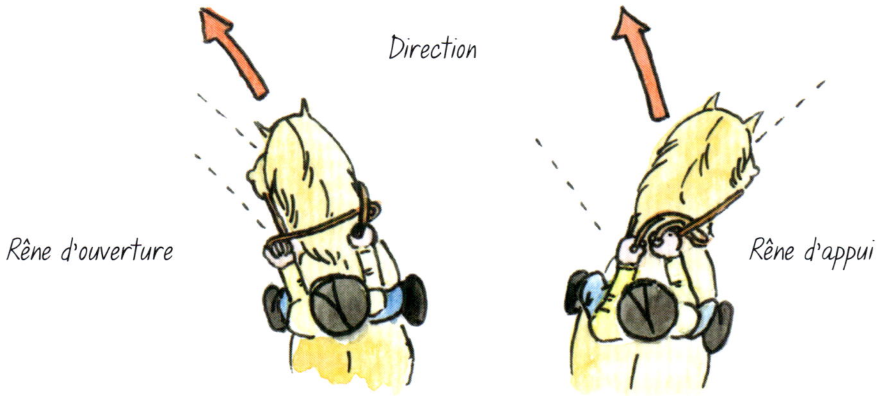

← Avec une rêne d'ouverture ton poney et toi regardez dans la même direction. Avec une rêne d'appui, tu regardes où vous allez mais pas lui.

Pour partir au galop

Utilise les aides "diagonales" : jambe extérieure isolée (reculée), poids légèrement à l'extérieur, petite rêne intérieure d'ouverture, rêne extérieure régulatrice, jambe intérieure d'impulsion.

Exemple : prépare un départ au galop en remontant un peu sur tes rênes et en reculant la jambe extérieure, puis déclenche avec la jambe intérieure. Accompagne en remettant tes jambes à leur place. →

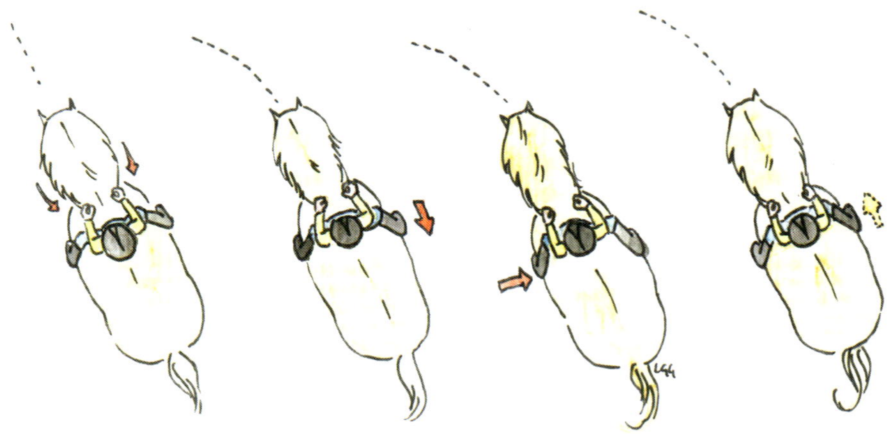

Reconnaître le pied du galop

Avec une assiette souple, tu dois arriver à sentir si ton bassin avance vers la droite (poney au galop sur le pied droit) ou vers la gauche (poney au galop sur le pied gauche).

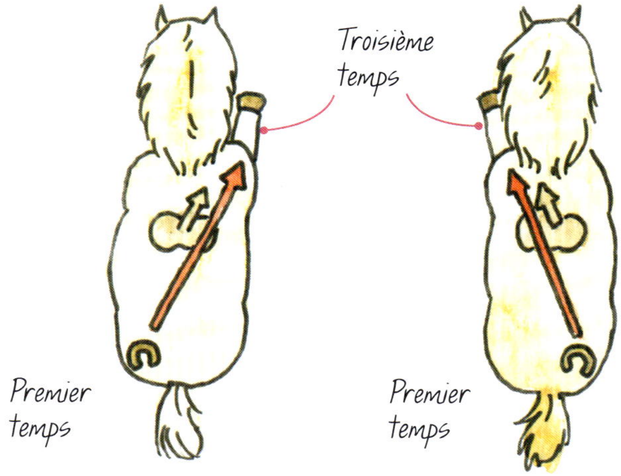

↑ Galop sur le pied droit. *↑ Galop sur le pied gauche.*

Au galop sur le pied droit :

- *si tu es assis, tes fesses avancent vers la droite ;*
- *si tu es en équilibre, tu vois l'antérieur droit avancer plus loin que l'antérieur gauche.*

Et inversement du côté gauche.

Enlever et remettre les étriers

- Relâche bien tes jambes et laisse ton assiette accompagner tous les mouvements du dos du poney. Cherche la position idéale.
- Pendant que tu encaisses les secousses avec ton assiette, déchausse lentement les étriers et relâche tes jambes vers le sol.
- Pour remettre les étriers, ne sois pas pressé. Plus les étriers sont courts plus c'est difficile. Si tu n'y arrives pas, tiens le pommeau de la selle pour ne pas perdre l'équilibre pendant que tes pieds cherchent les étriers.

↑ Dans la position idéale, ton bassin peut avancer vers tes mains et tes jambes relâchées tombent de chaque côté. Tu vas sentir tes abdominaux travailler.

↑ Si tu es trop cambré, ton fonctionnement se fera vers l'arrière, dans le mauvais sens. Tu risques d'avoir mal au dos.

↑ Si tu es penché en avant, ton bassin ne peut plus avancer pour amortir les secousses. Tu vas alors rebondir dans la selle.

À poney

2 → L'abord

La façon dont tu arrives sur un obstacle est importante :

- au milieu ;
- droit ;
- avec une vitesse adaptée : ni trop lente, ni trop rapide ;
- en étant en équilibre pour accompagner le saut.

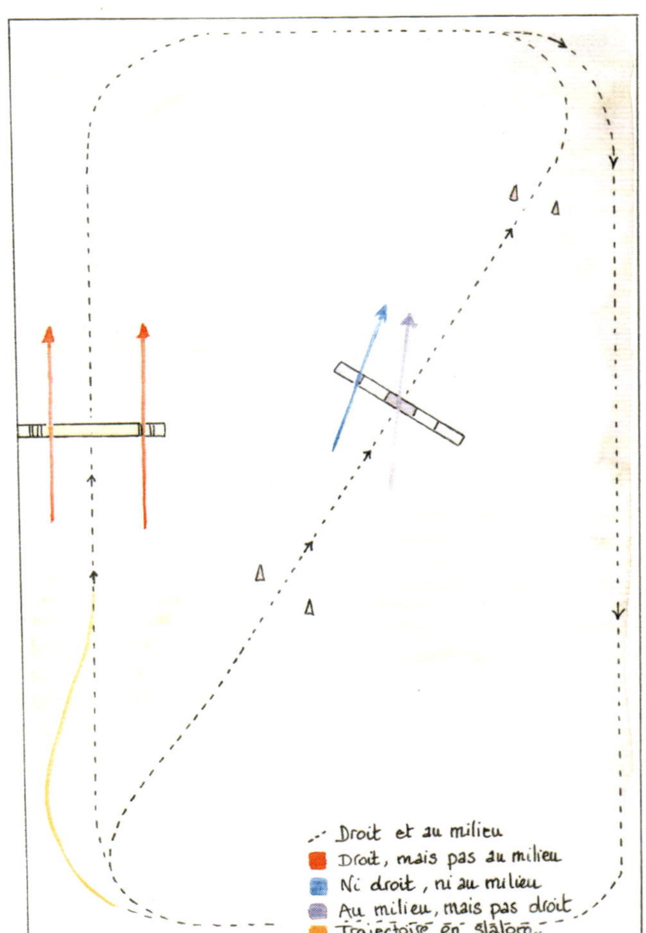

La ligne en pointillé noir est le tracé idéal. Des portes de cônes peuvent t'aider. →

Ton regard avance en même temps que toi.

Quand tu as plusieurs obstacles à enchaîner, tu dois visualiser ton tracé du début à la fin avant de partir sur le premier saut. Dès la réception d'un obstacle, redresse-toi et regarde où est le suivant. Entre chaque obstacle, contrôle la direction mais aussi l'allure.

La cavalière regarde déjà où se trouve le prochain obstacle.

3 → Changer de diagonal

En France, les cavaliers trottent enlevé sur le diagonal extérieur.

En changeant de main, tu dois changer de diagonal en restant assis ou en équilibre pendant deux temps de trot.

Le diagonal avec lequel tu trottes fait plus d'efforts que l'autre : pour ne pas muscler toujours le même diagonal, travaille autant à main droite qu'à main gauche, et vérifie le diagonal.

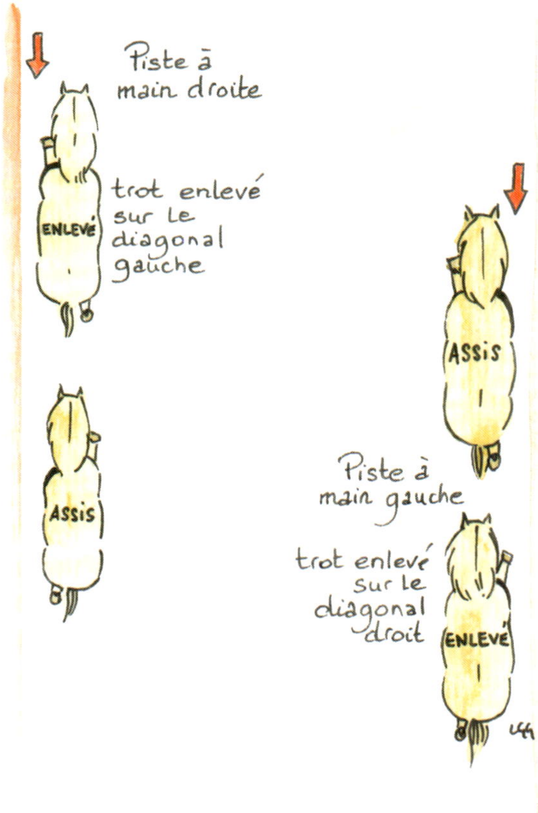

Pour trotter sur le bon diagonal, il faut regarder l'épaule extérieure. →

↑ La cavalière trotte enlevé avec le diagonal droit.

4 → Contrôler l'allure

Transitions précises

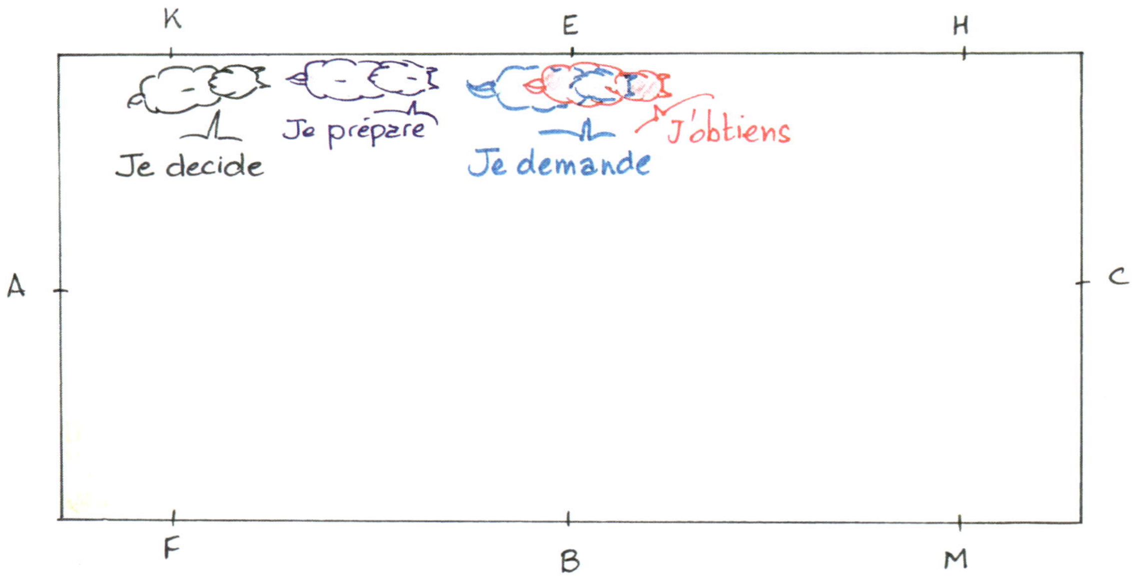

Pour obtenir des transitions précises, c'est-à-dire par rapport à une lettre ou des cônes, il faut :

- **Décider** : où veux-tu faire une transition et quelle transition ?
- **Préparer ton poney** : selon son tempérament, tu dois t'y prendre plus ou moins tôt.
- **Demander** : si la préparation est bien faite, ton poney doit répondre immédiatement.

Adapter la vitesse

Chaque allure comporte plusieurs vitesses mais c'est toi qui dois la choisir et non ton poney, sans pour autant changer d'allure.

- **Pour ralentir dans l'allure** : utilise ton buste en te redressant et ferme tes doigts en rythme avec l'allure.
- **Pour accélérer dans l'allure** : agis avec tes jambes sans t'agiter, et accompagne avec ton assiette et tes mains le nouveau rythme.
- **Pour maintenir la vitesse d'une allure** : accompagne sans t'agiter et agis en ralentissant ou en accélérant au moindre changement de vitesse de ton poney.

5→ Découvrir l'extérieur

On ne monte pas à poney pour tourner en rond dans un manège ! Applique tout ce que tu as appris en manège et en carrière dès tes premières sorties en extérieur.

- Trotte enlevé en pensant à changer de diagonal.
- Galope en équilibre pour soulager le dos de ta monture.
- Équilibre-toi sur tes étriers dans les montées, reste bien assis et très en arrière dans les descentes.
- Contrôle la vitesse de ton poney pour rester bien à ta place dans la file indienne.

↑ *En montée, mets-toi en équilibre sur les étriers avec tes mains sur la crinière et tes rênes molles.*

En descente, assieds-toi bien en avant et recule tes épaules. Ton buste doit rester droit par rapport au paysage. N'empêche pas le cheval de descendre la tête : ne pars pas avec elle, c'est tout.

Pour le passage de branches basses, recule tes fesses dans la selle et penche-toi en avant en descendant tes mains sur les épaules du poney.

1→ Les règles de sécurité en extérieur

- Conserve la place que le responsable t'a donnée.
- Conserve les distances entre poneys.
- Respecte les indications d'allures.
- Ne laisse pas ton poney brouter.
- Sur la route, respecte le code de la route.
- En forêt, respecte les panneaux interdisant les cavaliers.
- Repasse au pas en croisant les promeneurs à pied, à vélo, à cheval et laisse la priorité si le chemin est étroit.

↑ *Quelques exemples de panneaux.*

2→ Les mors de filet

Les mors Verdun, à aiguilles ou à spatules encadrent la bouche et évitent que les canons n'en sortent sous l'action des mains. Ils clarifient les demandes pour les jeunes poneys en cours d'apprentissage. On s'en sert également pour les longes.

Attention toutefois au mors à aiguilles susceptible de s'accrocher au décor.

Le mors Baucher a une légère action sur la nuque.

Mors Verdun (à passes). →

← Mors Baucher.

Mors simple olive. Mors double brisure. Mors résine. Mors double brisure en cuivre. Filet à aiguilles.

3 → Mécanisme du galop

	Galop
Temps	3
Vitesse	21 km/h environ
Comment	**Galop à droite :** postérieur gauche ; diagonal gauche, antérieur droit ; projection **Galop à gauche :** postérieur droit ; diagonal droit ; antérieur gauche ; projection
Caractéristique	Basculée et sautée
Symétrie	Non

↓ *Le galop sur le pied gauche.*

↑ *Le galop sur le pied droit.*

4 → Normes physiologiques

La condition physique d'un poney ou d'un cheval s'évalue grâce à des normes physiologiques :

- **Température** : 37,5 à 38 °C au repos. On secoue le thermomètre pour le faire descendre sous 36,5 °, on l'enduit de vaseline et on l'introduit au tiers dans l'anus du poney. On peut lire la température après une minute. Nettoyer le thermomètre à l'alcool avant de le ranger.
- **Fréquence cardiaque** : 32 à 44 battements par minute au repos, 60 à 70 au galop. La fréquence cardiaque maximale se situe entre 200 et 240 battements. On peut prendre le pouls sous les ganaches, et à l'intérieur du genou. Il faut trouver une artère et l'appuyer légèrement sur un os pour sentir les battements.
- **Fréquence respiratoire** : 8 à 14 mouvements par minute au repos et peut atteindre 100 à 160 mouvements par minute à l'effort. On la mesure en laissant sa main devant les naseaux et en comptant le nombre de souffles par minute.

Température, fréquence cardiaque, fréquence respiratoire. →

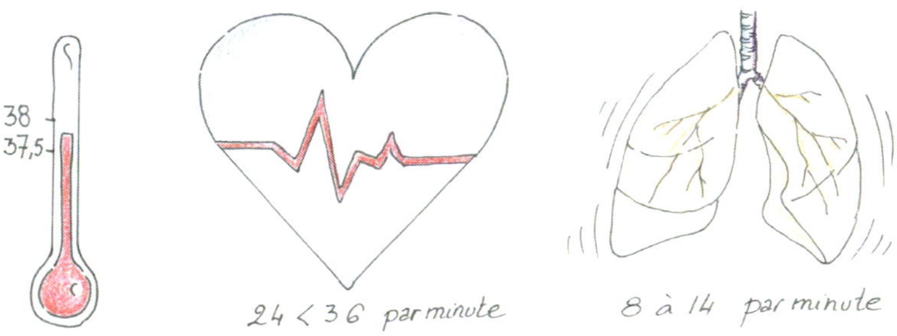

Le travail, le stress, la déshydratation, une infection, une douleur modifient un ou plusieurs de ces paramètres.

Les signes de maladies

- Température : supérieure à 38,5 °C.
- Respiration accélérée par rapport au rythme habituel du poney.
- Animal indifférent, triste, à bout de longe, ne mange pas, mou au travail, traîne, titube parfois ou anormalement agité, naseaux souillés de jetage ou sang, en sueur ou frissonne, crottins rares ou diarrhées, toux.

← *Si le box est tout retourné et ton poney dans un état anormal, préviens ton moniteur au plus vite. Ton poney est sans doute malade.*

Les maladies à craindre

Ce sont les coliques, les affections respiratoires (virus, emphysème), les infections bactériennes (gourme), les coups de chaleur, les fourbures.

Les soins périodiques

Ils servent à éviter certaines maladies :

- **obligatoires** : les vaccins contre la rage et la grippe ; les vermifuges quatre fois par an luttent contre les parasites internes ;
- **recommandés** : les vaccins contre le tétanos et la rhinopneumonie, les soins dentaires.

Le cachet du vétérinaire et l'étiquette du vaccin doivent être apposés dans le livret du cheval.

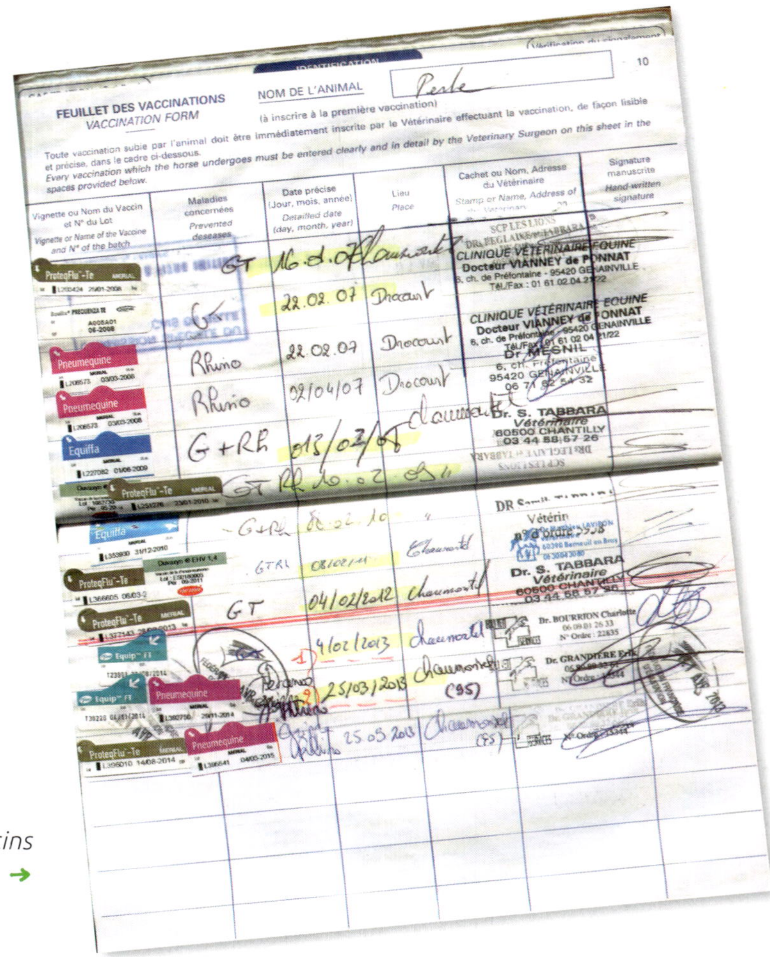

Les étiquettes des vaccins et les tampons du vétérinaire. →

Soins hebdomadaires : graisser les pieds, vider et désinfecter les box.
Soins mensuels : toilettage, changement de la ferrure (six semaines).
Soins trimestriels : vermifuges.
Soins annuels : tonte, dents, vaccins.

La tonte

En hiver, ton poney fait un gros poil pour avoir bien chaud. Mais s'il travaille, il a trop chaud et transpire. Après le travail, il est mouillé et peut attraper froid. Pour ces raisons les poneys sont parfois tondus. On leur met une couverture pour remplacer les poils lorsqu'ils ne travaillent pas, on met un couvre-reins pour la détente et on l'enlève pour le travail.

En hiver, ton poney fait un gros poil. Parfois il est tondu pour travailler sans transpirer. →

Enlever et mettre une couverture

← *Enlève toutes les courroies : devant, dessous et derrière.*

Attrape la couverture en deux endroits sur le dos du poney et fais-la glisser vers l'arrière. Plie-la en deux pour la poser dans un coin du box, ou pose-la sur la porte.

Ou bien :

replie la couverture de l'arrière vers l'avant. Passe ton bras sous la couverture au niveau du garrot et tire la couverture à toi.

↑ Si la couverture est pliée à l'envers, prends-la sous le bras et pose-la en avant du garrot. Déplie-la vers l'arrière sans tirer.

↑ Si la couverture est pliée à l'endroit, passe tes bras à l'intérieur. Essaie de la mettre entièrement sur un seul bras. Place-la ensuite dans le bon sens en avant du garrot. Et étire-la doucement vers l'arrière.

Une fois la couverture à sa place, attache les courroies en commençant toujours par l'avant. →

5→ Identification et livret signalétique

La naissance de tout poulain est déclarée aux haras nationaux. Une première identification et la pose d'un transpondeur sont effectuées avant le sevrage et la fin de la première année. Une seconde identification à l'âge de 18 mois permet de vérifier et compléter les particularités : marques blanches, épis, trace de blessures.

À partir de là, le poulain possède :

↑ *Toute naissance doit être déclarée aux Haras Nationaux.*

- une carte d'immatriculation qui atteste la propriété de l'équidé et qui doit être gardée en lieu sûr. Elle est renouvelée à chaque changement de propriétaire ;
- un livret signalétique qui comprend : le nom, le numéro SIRE, le sexe, la race, la robe, la date et lieu de naissance, les ascendants directs, certificat d'origine jusqu'aux troisièmes pères et mères, le signalement écrit et graphique, les renseignements administratifs et sanitaires : visas, contrôles, vaccinations.

Ce dernier document doit suivre le poney lors de tous ses déplacements, il peut être demandé par la gendarmerie, ou lors de vérifications en compétition. Après la mort de l'équidé, ce document doit être renvoyé aux haras nationaux.

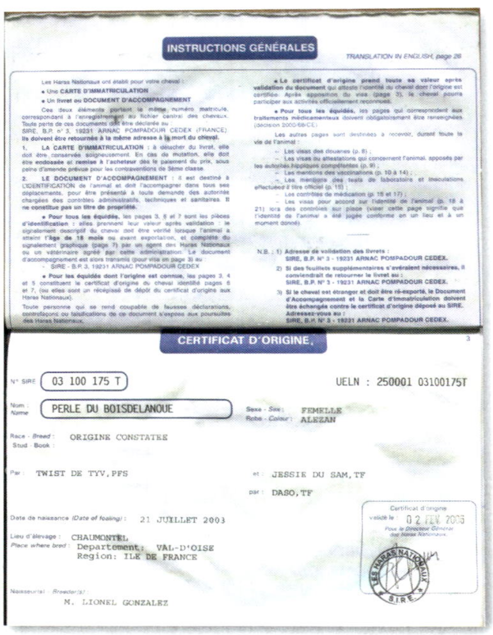

INSTRUCTIONS GÉNÉRALES

Toute personne qui se rend coupable de fausses déclarations, contrefaçons ou falsifications de ce document s'expose aux poursuites des Haras Nationaux.

N.B. : 1) Adresse de validation des livrets : SIRE, B.P. N° 3 - 19231 ARNAC POMPADOUR CEDEX.
2) Si des feuillets supplémentaires s'avéraient nécessaires, il conviendrait de retourner le livret au : SIRE, B.P. N° 3 - 19231 ARNAC POMPADOUR CEDEX.
3) Si le cheval est étranger et doit être ré-exporté, le Document d'Accompagnement et la Carte d'Immatriculation doivent être échangés contre le certificat d'origine déposé au SIRE. Adressez-vous au : SIRE, B.P. N° 3 - 19231 ARNAC POMPADOUR CEDEX.

CERTIFICAT D'ORIGINE 3

N° SIRE 03 100 175 T — UELN : 250001 03100175T

Nom - Name : PERLE DU BOISDELANOUE — Sexe - Sex : FEMELLE — Robe - Colour : ALEZAN

Race - Breed : ORIGINE CONSTATEE

Stud - Book :

Par : TWIST DE TYV,PFS — et : JESSIE DU SAM,TF — par : DASO,TF

Date de naissance (Date of foaling) : 21 JUILLET 2003

Lieu d'élevage / Place where bred : CHAUMONTEL, Departement: VAL-D'OISE, Region: ILE DE FRANCE

Naisseur(s) - Breeder(s) : M. LIONEL GONZALEZ

Certificat d'origine validé le : 02 FEV 2005. Pour le Directeur Général des Haras Nationaux.

LES HARAS NATIONAUX S.I.R.E.

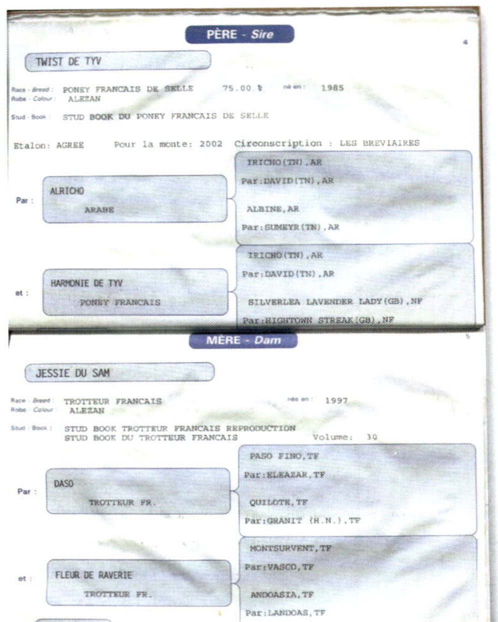

PÈRE - Sire 4

TWIST DE TYV

Race - Breed : PONEY FRANCAIS DE SELLE 75.00 % né en : 1985

Robe - Colour : ALEZAN

Stud - Book : STUD BOOK DU PONEY FRANCAIS DE SELLE

Etalon: AGREE Pour la monte: 2002 Circonscription : LES BREVIAIRES

Par : ALRICHO, ARABE — IRICHO(TN),AR Par:DAVID(TN),AR — ALBINE,AR Par:SUMEYR(TN),AR

et : HARMONIE DE TYV, PONEY FRANCAIS — IRICHO(TN),AR Par:DAVID(TN),AR — SILVERLEA LAVENDER LADY(GB),NF Par:HIGHTOWN STREAK(GB),NF

MÈRE - Dam 5

JESSIE DU SAM

Race - Breed : TROTTEUR FRANCAIS né en : 1997

Robe - Colour : ALEZAN

Stud - Book : STUD BOOK TROTTEUR FRANCAIS REPRODUCTION, STUD BOOK DU TROTTEUR FRANCAIS Volume: 30

Par : DASO, TROTTEUR FR. — PASO FINO,TF Par:ELEAZAR,TF — QUILOTE,TF Par:GRANIT (H.N.),TF

et : FLEUR DE RAVERIE, TROTTEUR FR. — MONTSURVENT,TF Par:VASCO,TF — ANDOASIA,TF Par:LANDOAS,TF

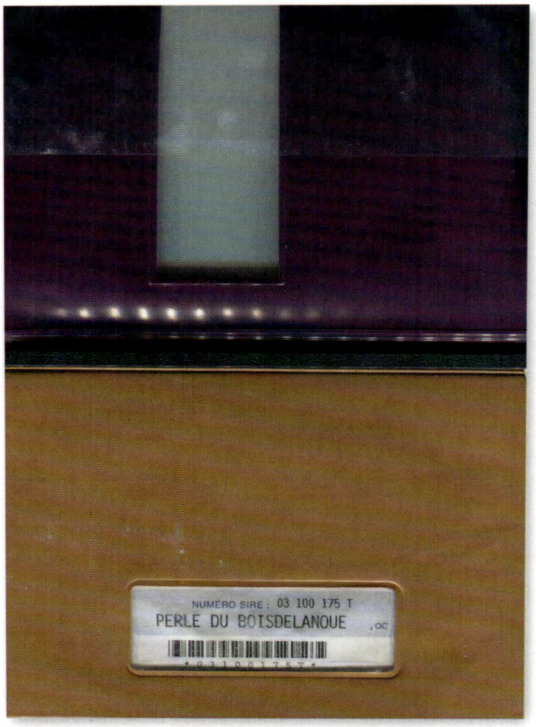
NUMÉRO SIRE : 03 100 175 T
PERLE DU BOISDELANOUE

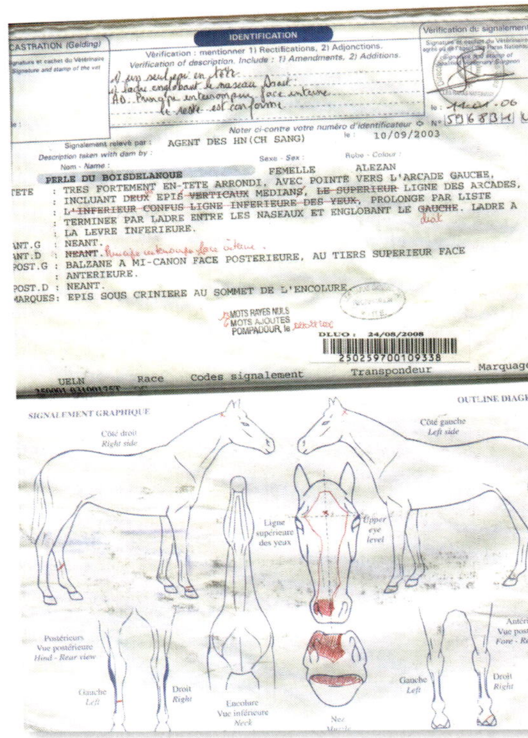
IDENTIFICATION
CASTRATION (Gelding)
Vérification du signalement
Vérification : mentionner 1) Rectifications, 2) Adjonctions.
Verification of description. Include : 1) Amendments, 2) Additions.
Noter ci-contre votre numéro d'identificateur
Signalement relevé par : AGENT DES HN(CH SANG) le : 10/09/2003
Description taken with dam by :
Nom - Name : Sexe - Sex : Robe - Colour :
PERLE DU BOISDELANOUE FEMELLE ALEZAN
TETE : TRES FORTEMENT EN-TETE ARRONDI, AVEC POINTE VERS L'ARCADE GAUCHE, INCLUANT DEUX EPIS VERTICAUX MEDIANS, LE SUPERIEUR LIGNE DES ARCADES, L'INFERIEUR CONFUS LIGNE INFERIEURE DES YEUX, PROLONGE PAR LISTE TERMINEE PAR LADRE ENTRE LES NASEAUX ET ENGLOBANT LE GAUCHE. LADRE A LA LEVRE INFERIEURE.
ANT.G : NEANT.
ANT.D : NEANT.
POST.G : BALZANE A MI-CANON FACE POSTERIEURE, AU TIERS SUPERIEUR FACE ANTERIEURE.
POST.D : NEANT.
MARQUES: EPIS SOUS CRINIERE AU SOMMET DE L'ENCOLURE.
MOTS RAYES NULS
MOTS AJOUTES
POMPADOUR, le
DLUO : 24/05/2008
250259700109338
UELN Race Codes signalement Transpondeur Marquage
SIGNALEMENT GRAPHIQUE
OUTLINE DIAGRAM
Côté droit
Right side
Côté gauche
Left side
Ligne supérieure des yeux
Upper eye level
Postérieurs
Vue postérieure
Hind - Rear view
Antérieurs
Vue postérieure
Fore - Rear view
Gauche
Left
Droit
Right
Encolure
Vue inférieure
Neck

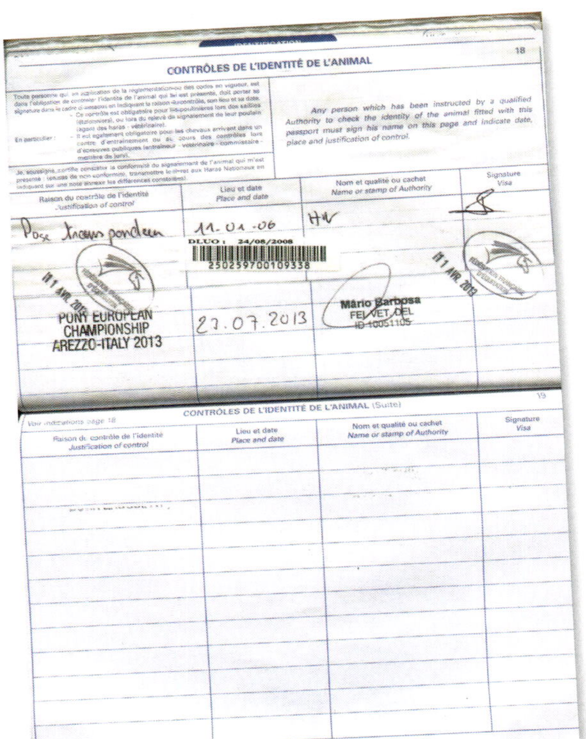
CONTRÔLES DE L'IDENTITÉ DE L'ANIMAL
18
Any person which has been instructed by a qualified Authority to check the identity of the animal fitted with this passport must sign his name on this page and indicate date, place and justification of control.
Raison du contrôle de l'identité
Justification of control
Lieu et date
Place and date
Nom et qualité ou cachet
Name or stamp of Authority
Signature
Visa
DLUO : 24/05/2008
250259700109338
PONY EUROPEAN CHAMPIONSHIP
AREZZO-ITALY 2013
Mário Barbosa
CONTRÔLES DE L'IDENTITÉ DE L'ANIMAL (Suite)
19

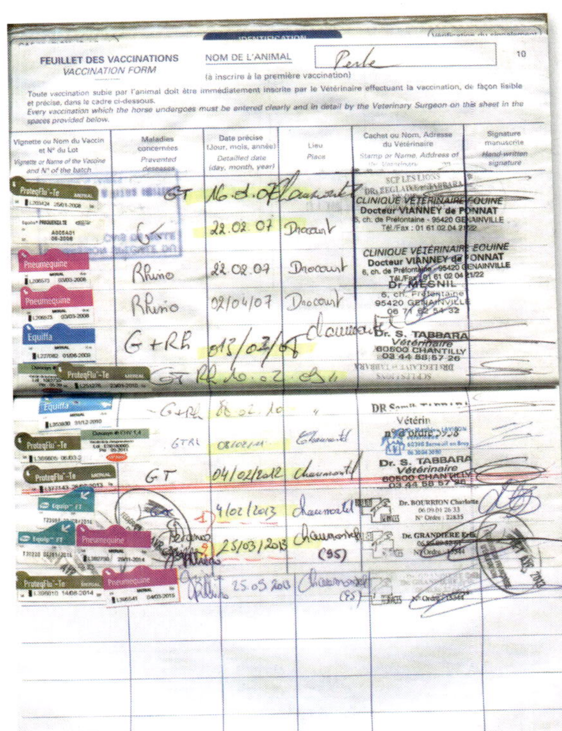
FEUILLET DES VACCINATIONS
VACCINATION FORM
NOM DE L'ANIMAL
(à inscrire à la première vaccination)
10
Vignette ou Nom du Vaccin et N° du Lot
Maladies concernées
Prevented deseases
Date précise (Jour, mois, année)
Detailled date (day, month, year)
Lieu
Place
Cachet ou Nom, Adresse du Vétérinaire
Signature manuscrite
Hand-written signature
CLINIQUE VÉTÉRINAIRE EQUINE
Docteur VIANNEY de PONNAT
Dr. S. TABBARA
Vétérinaire
60500 CHANTILLY

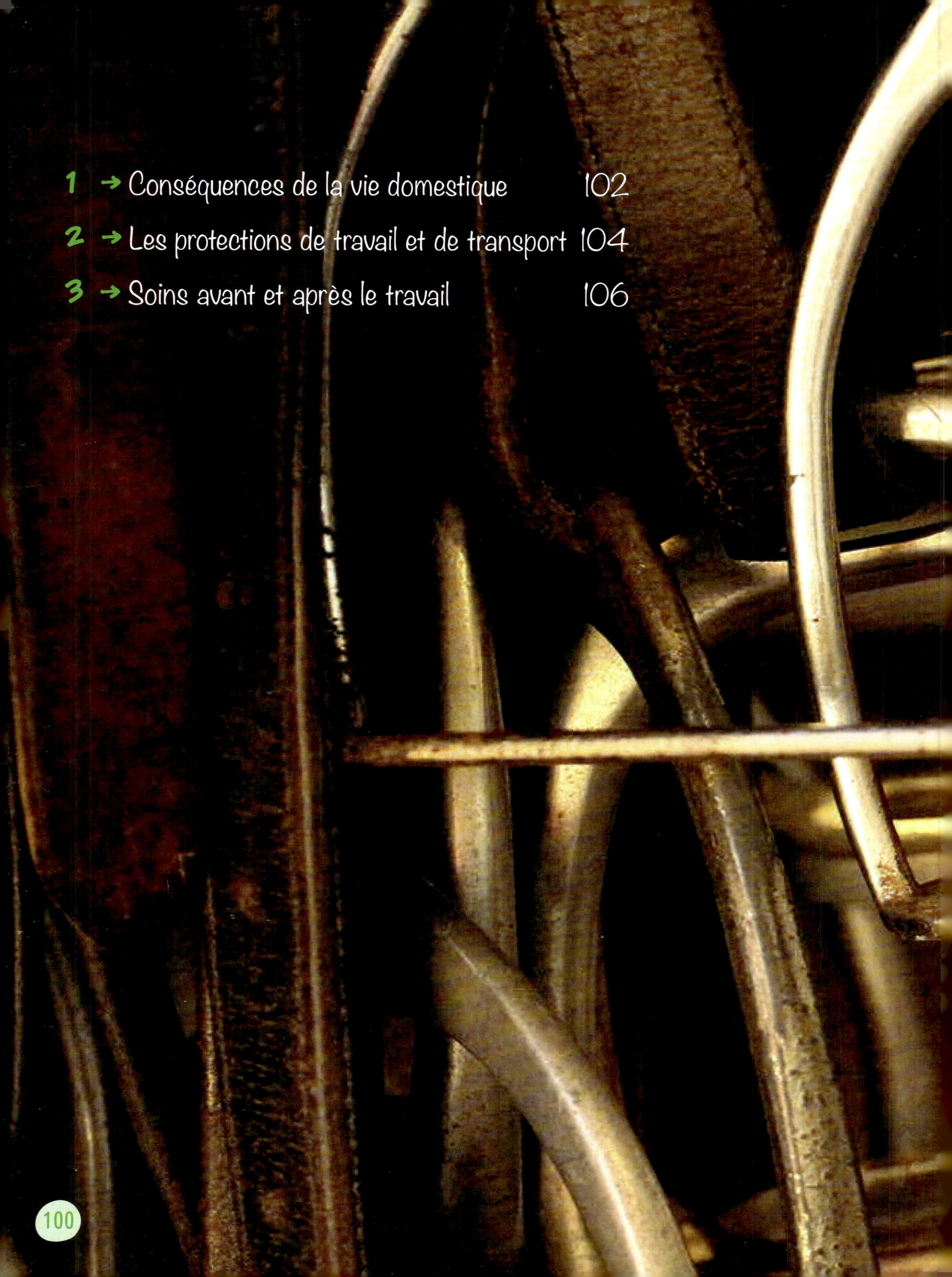

1→ Conséquences de la vie domestique

• **Comportement** : le cadre de vie isolée entraîne un déséquilibre psychologique qui peut aller du simple tic d'ennui à l'agressivité. La station debout, tête haute (utilisation d'une mangeoire en hauteur, porte du box), modifie l'alignement du corps, les angles et les distributions de force dans les membres.

↑ *Les relations sociales sont indispensables aux poneys et chevaux.*

• **Santé** : les mouvements restreints limitent le mécanisme circulatoire du sabot ainsi que le développement des muscles et du squelette. Les couvertures empêchent le cheval d'exercer son mécanisme de thermorégulation contre le froid et le fragilise. L'enfermement au box contraint le cheval à rester dans un climat de poussières de foin et dans une litière contenant de l'ammoniac, générant des problèmes respiratoires, allergiques et d'intégrité des sabots.

• **Alimentation** : la variété de fourrage est restreinte et souvent remplacée par des céréales données à heures fixes à l'inverse de l'ingestion naturelle : variée et continue. Le poney peut perdre la reconnaissance des plantes toxiques.

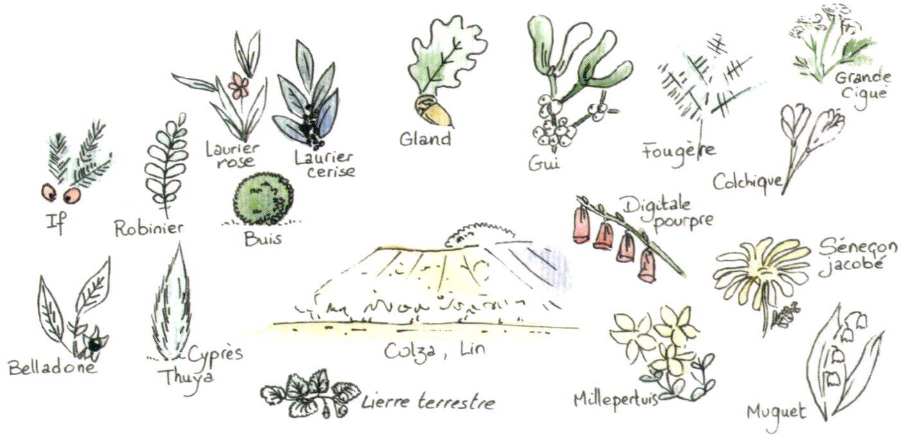

↑ *Quelques plantes toxiques.*

La vie domestique du poney est souvent meilleure que celle du cheval car :

- ils vivent en stabulations (relations sociales) ;
- ils ont accès à un pré ou paddock (pour les mouvements) ;
- ils peuvent brouter une grande partie de la journée.

Les mesures permettant la distribution sont graduées en litre. Un kilo d'orge = deux litres. ↓

Les besoins du poney

- 20 à 40 litres d'eau par jour.
- Une ration qui lui apporte de l'énergie sous forme de fourrage (foin), aliments traditionnels (céréales aplaties, concassées, trempées, cuites), aliments complets (mélange de foin et de céréales sous forme de granulés, floconnés).

La ration peut être complétée avec des minéraux, des oligoéléments et des vitamines.

Cette énergie, donnée par l'alimentation, est mesurée en UFC (Unité Fourragère Cheval). Elle dépend des besoins de l'animal, qui dépendent eux-mêmes de l'âge, de la race, du travail, du poids, de la saison.

Exemple

- Pour un poney de 200 kg : 3UFC/jour en entretien ; 5 UFC pour deux heures de travail quotidien.
- Pour un poney de 300 kg : 3,5 UFC en entretien ; 5,5 UFC au travail.

Chaque aliment apporte une quantité d'UFC différente

- Avoine : 0,88 UFC/kg.
- Orge : 1 UFC/kg.
- Aliments complets : 0,5 à 0,7 UFC/kg.
- Foin : 0,45 UFC/kg.

La ration d'un poney de 300 kg en entretien pourrait donc être : 3,5 UFC = 3 kg d'orge répartis sur trois repas + 1 kg de foin.

2 → Protections de travail et de transport

Le bas des jambes doit être protégé car il est sujet à diverses lésions, au cours du travail et des transports : le poney se touche et se blesse, se heurte sur les barres d'obstacles, ou encore sollicite ses tendons sur certains sols…

- **Protections de travail** : guêtres aux antérieurs, protège-boulets aux postérieurs, cloches.

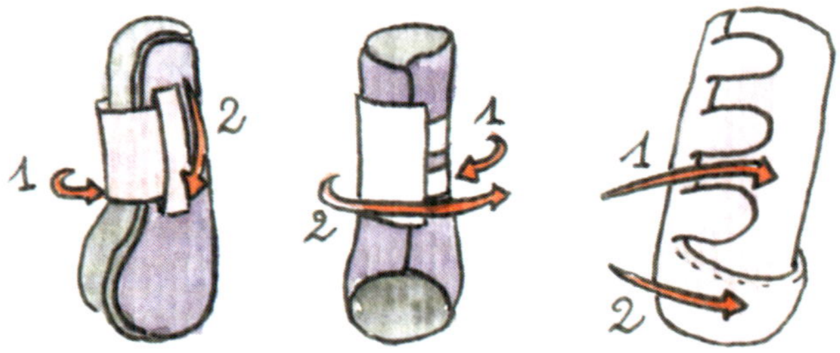

↑ *Protège-tendons, guêtre fermée, guêtre complète.*

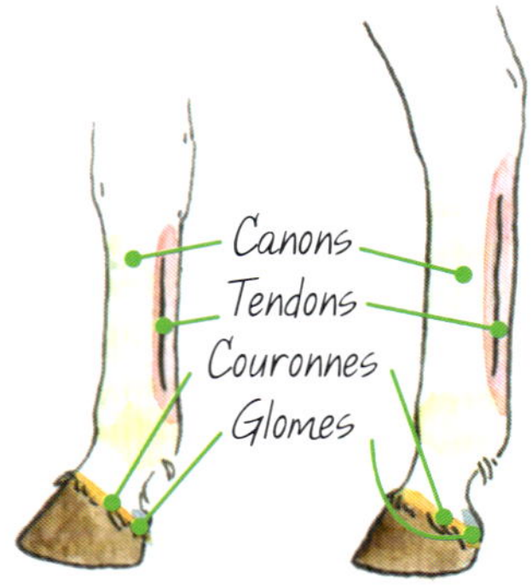

↑ *Les régions fragiles des membres.*

↑ *Pour les pony-games, les poneys sont équipés de guêtres et cloches sur les antérieurs, et protège-boulets sur les postérieurs.*

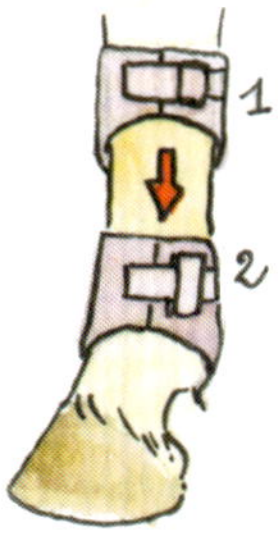

↑ *On ajuste le protège-boulet à mi-canon puis on le fait glisser vers le bas où il prend sa place naturellement.*

↑ *La cloche protège la couronne du sabot et les glomes pour les poneys qui forgent ou se touchent.*

- **Protections de transport**

← *Protections de transport : protéger la nuque et la queue aussi pendant le transport.*

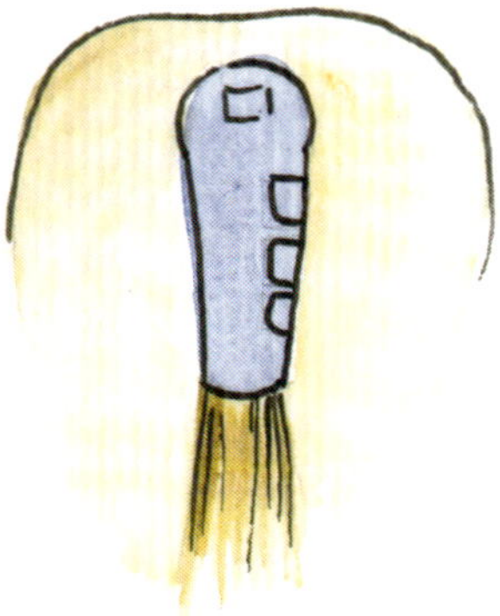

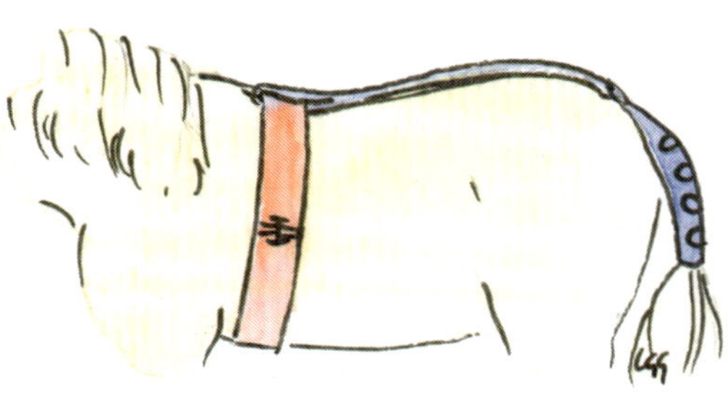

↑ *Certains protège-queues tiennent seuls et d'autres doivent s'accrocher à un surfaix.*

3→ Soins avant et après le travail

- **Le pansage** sert d'inspection **avant et après** le travail. Vérifie l'absence ou la présence de blessures, dues au harnachement ou au travail : atteintes sur les membres, le garrot, le passage de sangle ou passage de têtière, engorgement des membres.

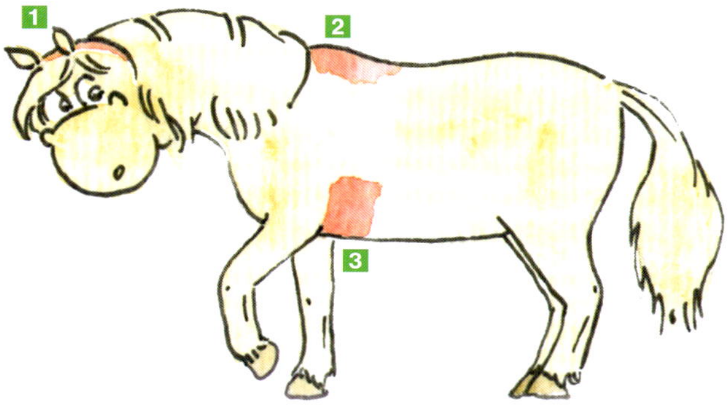

← *Lors du pansage, avant et après le travail, vérifie les trois zones fragiles du poney.*

- **Graisse les pieds**, après le travail et avant la douche et soigne la fourchette si nécessaire en appliquant du goudron. Vérifie que le fer ne bouge pas, qu'il ne manque aucun clou.

← *Quand les fourchettes sont infectées, on applique du "goudron de Norvège" qui est antiseptique. Attention, le goudron a une odeur forte, il est gluant et tache. Il faut prendre un pinceau dédié au goudron et mettre des gants si possible.*

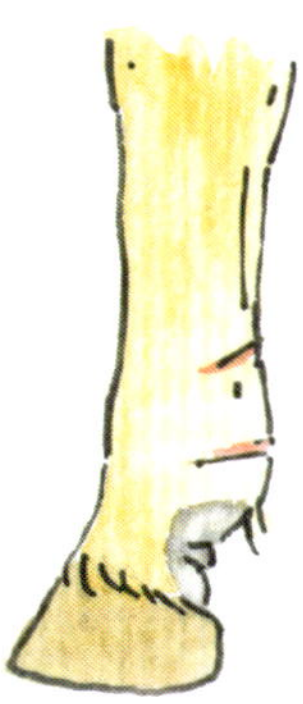

↑ *Crevasses (zone grise).*

- **La douche, après la séance**, nettoie les membres et masse les tendons. En cas de crevasses dans le pli du paturon, sèche-le avec une serviette après la douche et applique un produit gras et cicatrisant.

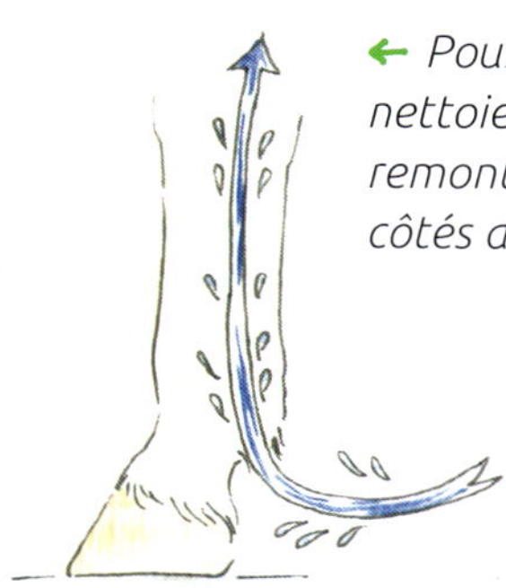

← *Pour masser en même temps que tu nettoies, dirige le jet vers le sabot et remonte le long des tendons des deux côtés de chaque membre.*

← *Après la douche, essuie les paturons avec une serviette éponge.* →

- **Les bandes de repos, après** une séance un peu soutenue, évitent les engorgements.
- **L'application d'argile avant la pose de bandes de repos** refroidit, draine et soulage les tendons, les muscles et les articulations. Enlever le tout, 2 à 24 heures après avec une brosse ou par une douche.

Mettre des bandes de repos. →

La pose d'argile

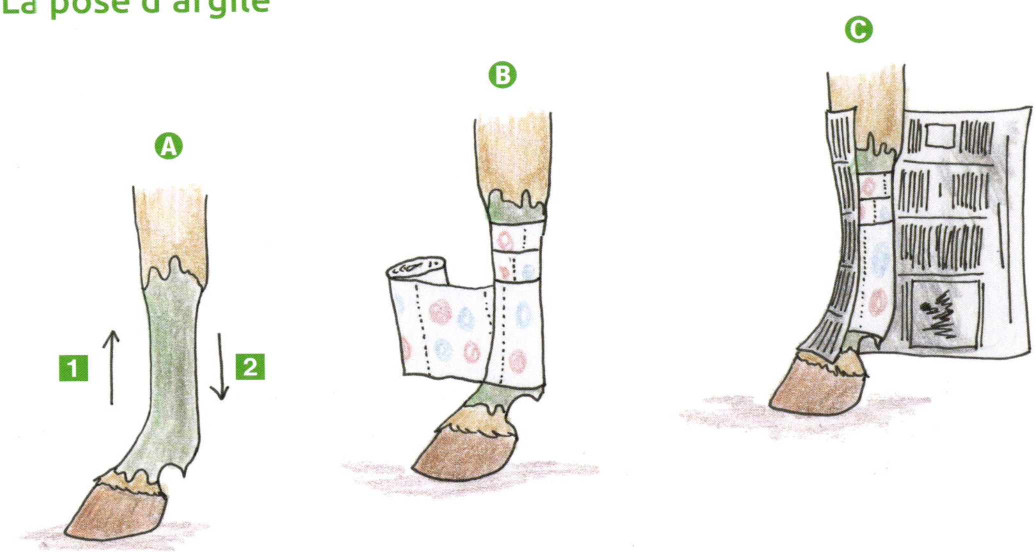

Ⓐ *Applique une couche épaisse d'argile à rebrousse-poil, puis lisse dans le sens du poil.*

Ⓑ *Entoure de papier absorbant ou de film plastique.*

Ⓒ *Enroule du papier journal pour protéger les flanelles des salissures, puis pose les flanelles et les bandes de repos.*

À pied

À poney

À pied

1 → Mener son cheval à distance

Arrête ton poney et éloigne-toi de lui en lui faisant face et sans tendre la longe. Capte son attention et commence par lui demander de reculer sans le toucher. Arrête-le, puis fais-le venir à toi. Quand ton poney a compris, pose la longe sur son encolure, et recommence sans aucun contact.

↑ *Quand ton poney a compris, essaie sans longe.*

À pied

2 → Contact et flexion

Marche en main en tenant les deux rênes à la même hauteur, séparées par l'index. Conserve avec la bouche un contact constant et moelleux en accompagnant les mouvements de balancier de l'encolure.

À l'arrêt, place-toi à côté de son épaule. Tu peux demander les flexions de plusieurs façons :

- pose ta main sur le chanfrein, et amène ou pousse la tête doucement ;
- utilise la muserolle ou la longe du licol ;
- tend légèrement la rêne de ton côté, attends que ton poney cède, demande la flexion en déplaçant ta main ;
- dès la moindre réponse, lâche, caresse et recommence jusqu'à la flexion complète.

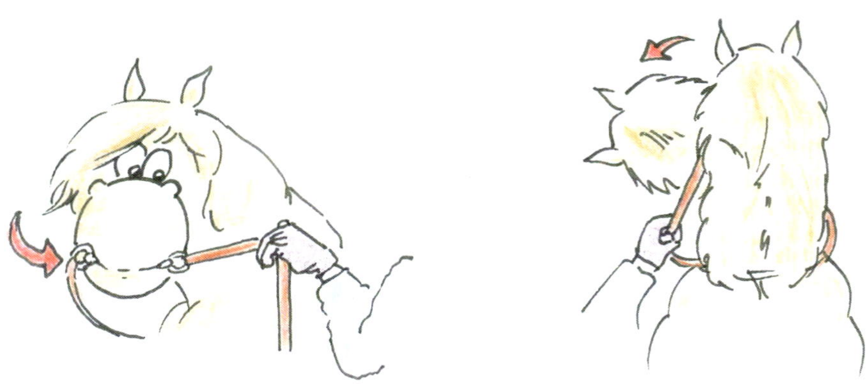

↑ *Ne tire pas, attends que ton poney ait envie de suivre ta main.*

À pied

3 → Embûches

Pour **trotter**, invite ton poney à te suivre en commençant par courir sur place.

Pour les embûches, repasse au pas en ralentissant toi-même. Le poney doit copier sur ton déplacement. Impose-lui une place en fonction de l'embûche, derrière ou à côté sans te doubler. Vérifie son écoute en l'arrêtant pendant le franchissement des embûches : pont, flaque d'eau, bâche, branches basses …

Laisse la liberté d'encolure à ton poney lors du passage d'embûches.

Pour ralentir ou arrêter ton poney, pas besoin de tirer ou de tenir, lève simplement ton bras devant lui. →

1→ Contact

Le contact, c'est la relation entre la bouche du poney et ta main. Cette relation doit être constante et moelleuse.

- **Constante** : la tension des rênes est régulière pendant toute la foulée, tes mains accompagnent les mouvements de la tête quelle que soit l'allure.
- **Moelleuse** : la tension est légère et égale sur les deux rênes.

Le poney accepte et conserve la relation avec la main de son cavalier, sa tête est stable, le contact permet une bonne communication, on dit que le poney est "sur la main".

Au pas	Au trot	Au galop
Le cavalier est stable. Le poney utilise son encolure. Le cavalier accompagne la bouche en pliant/dépliant ses bras.	Le cavalier est instable : son assiette amortit les secousses du trot, les mains risquent aussi de bouger. Le poney est stable. Le cavalier apprend à dissocier son assiette et ses mains.	Le cavalier est instable : son assiette accompagne le basculement du galop. Le poney utilise son encolure. Le cavalier perfectionne son contact en séparant l'accompagnement de son assiette et celle de ses mains.

↑ *Un contact permanent et moelleux.*

Évoluer sans contact oblige à transférer la communication des mains vers une autre aide : l'assiette, les jambes, la voix et l'effleurement des rênes sur l'encolure sans contact avec la bouche.

↑ *Sans contact.*

2 → L'accord des aides

Pour réaliser les exercices, coordonne bien l'action de tes jambes, avec celle de tes mains et de ton assiette. Tes aides ne doivent pas se contredire. Dose-les subtilement les unes par rapport aux autres pour rendre ton langage plus clair, plus précis et plus efficace.

Si tu gardes les rênes très courtes en demandant d'avancer avec les jambes, ton poney ne va rien comprendre. →

Incurvation

Ton regard bien orienté influence la position entière de ton corps, donc de tes aides. Lorsque tu tournes, ton cheval s'incurve grâce à l'ensemble de tes aides coordonnées naturellement :

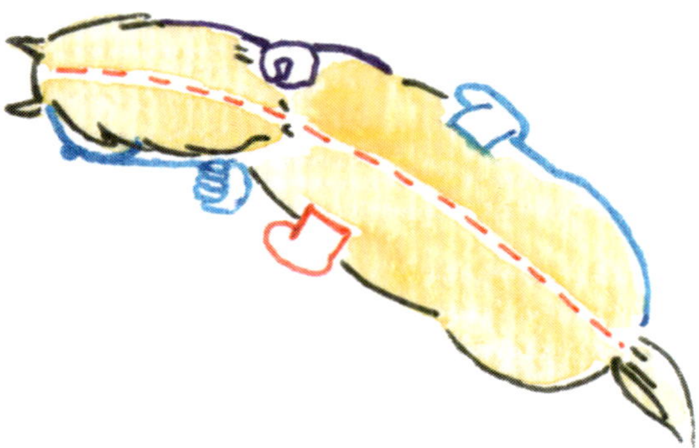

- main intérieure légèrement écartée déplace la tête du poney ;
- main extérieure régule le pli de l'encolure ;
- jambe intérieure à la sangle évite que le poney ne se couche ou ne coupe ;
- jambe extérieure reculée maintient les hanches sur le tracé.

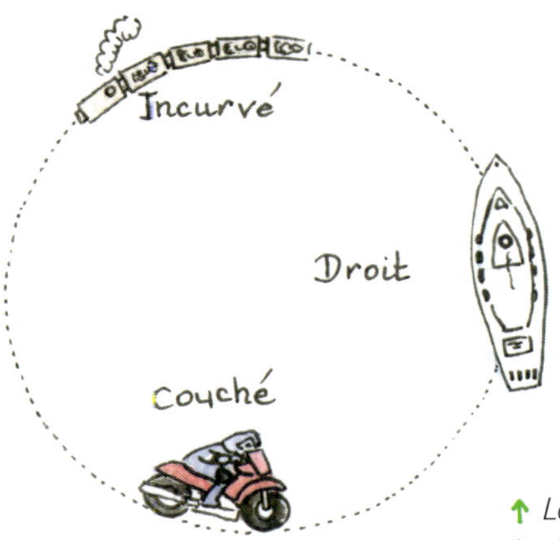

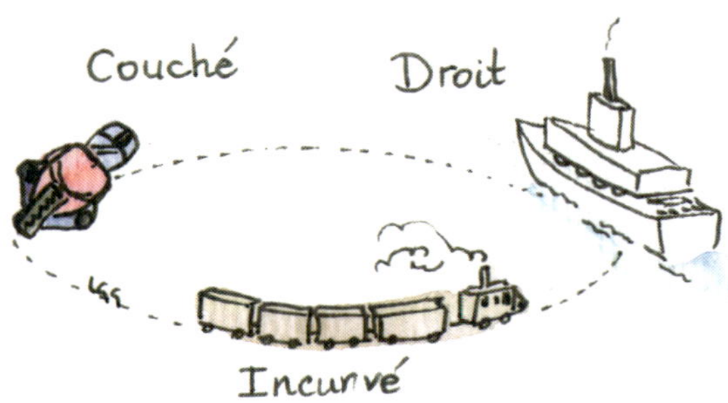

↑ *La colonne vertébrale du poney doit s'incurver comme le train constitué de plusieurs wagons. Sinon il tourne comme un paquebot, tout droit et pas très précis, ou alors il se couche sur la courbe comme une moto.*

Pli

Le pli concerne uniquement la nuque et la petite encolure. Comme il est plus délicat à obtenir, cet exercice permet de perfectionner la coordination des aides.

Droit.

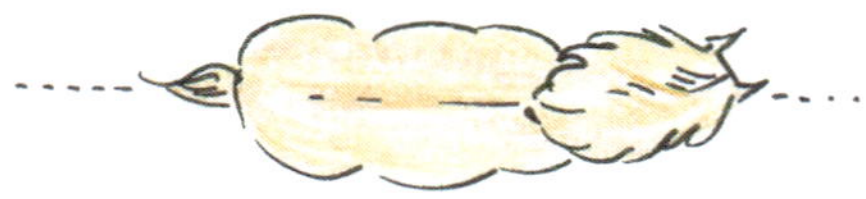
Pli.

Incurvation.

3 → Évoluer aux trois allures

Tu dois maintenant être capable de :

- **trotter enlevé dans une bonne posture lors des changements de direction et d'amplitude** : regarde où tu vas, amortis les foulées avec tes chevilles pour conserver le rythme sans déstabilisation ;
- **trotter et galoper en enchaînant des mouvements simples, assis dans une bonne posture** : fonctionne toujours avec l'allure pour ne pas la subir et pense à anticiper le changement d'allure pour rester au contrôle. Tu peux aussi travailler sans étriers pour améliorer ta posture et ta décontraction ;
- **diriger sur les courbes aux trois allures avec un pli interne** : le poney doit être légèrement plié pour ne pas se coucher sur la courbe et être plus précis dans ses tracés.

Travaille sur une reprise de dressage pour perfectionner ton attitude et la présentation de ton poney sur les figures.

↑ *Cavalière présentant une reprise de dressage.*

4 → Les transitions, le départ au galop

Varier l'amplitude au trot enlevé

Pour allonger, agis avec tes deux jambes sur quelques foulées seulement et sans rupture de rythme dans ton trot enlevé. Accompagne aussitôt la nouvelle amplitude en relâchant tes jambes et en laissant jouer tes chevilles tout en conservant un dos tonique. Pour ralentir, redresse-toi, serre et desserre tes doigts en rythme avec l'allure, quand tu te lèves ou quand tu t'assieds, et sans tirer.

Varier l'amplitude au galop

Pour allonger, pousse avec ton assiette sans utiliser tes jambes, tes mains accompagnent sans jamais mettre dans le vide. Pour ralentir, redresse-toi et accompagne de moins en moins avec ton bassin, serre et desserre les doigts en rythme avec l'allure, et surveille l'impulsion avec tes jambes si besoin.

Partir au galop du pas en ligne droite

Pour partir au galop du pas en ligne droite, prépare tes aides pour que ton poney comprenne bien sur quel pied tu veux partir :

- **galop sur le pied gauche** : tiens ton dos et tes rênes ajustées. Recule ta jambe droite pour prévenir ton poney. Demande le départ au galop avec ta jambe gauche à la sangle ;
- **galop sur le pied droit** : tiens ton dos et tes rênes ajustées. Recule ta jambe gauche pour prévenir ton poney. Demande le départ au galop avec ta jambe droite à la sangle.

Une légère rêne d'ouverture ou d'appui intérieure peut t'aider à faire comprendre le pied du galop à ton poney. Tu peux également l'aider en appuyant un peu plus sur ta fesse extérieure.

Grandis-toi pour faire grandir ton poney au pas, puis recule ta jambe extérieure, et enfin, déclenche le départ au galop avec la jambe intérieure en regardant loin. ↓

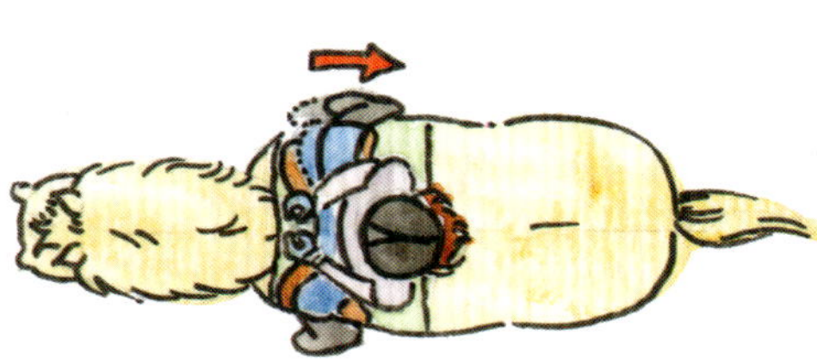

5 → Déplacer les hanches et les épaules

Pour déplacer les épaules ou les hanches de ton poney, commence l'exercice sur la piste, le mur t'aidera à canaliser ton poney.

Déplacer les hanches

Sur la piste, ajuste tes rênes pour conserver l'encolure droite. Garde les yeux sur les oreilles, et surveille que l'encolure ne se plie pas. Recule la jambe du côté du mur, ralentis légèrement les épaules, puis pousse avec ta jambe reculée.

Si tu freines beaucoup, le poney va faire demi-tour en regardant le mur.

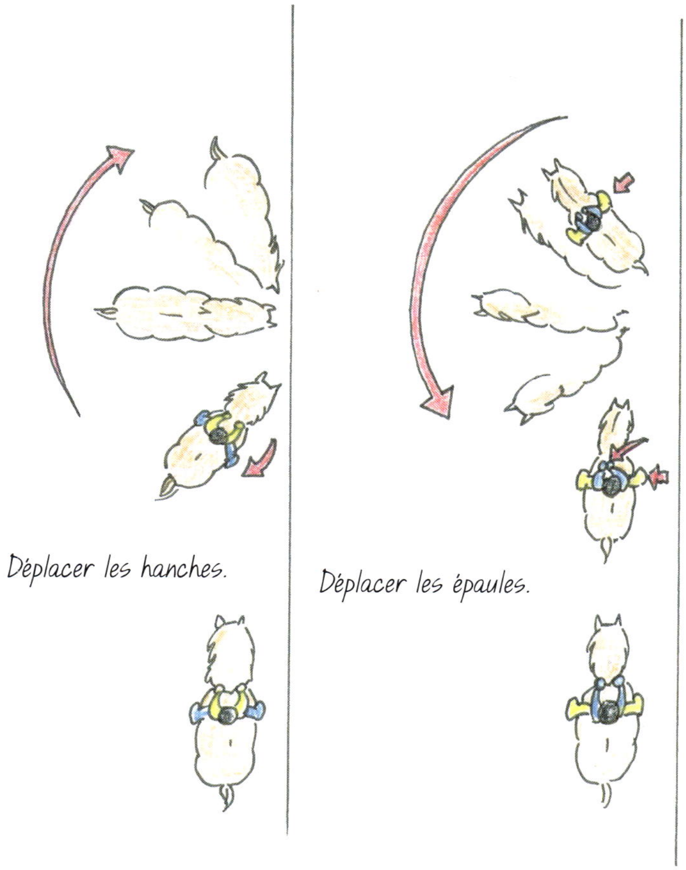

Lorsque tu déplaces les hanches sur le cercle ou sur la ligne droite, ne perds pas le contact sur la rêne extérieure, sinon, ton cheval pliera seulement l'encolure. →

Déplacer les épaules

Sur la piste, ajuste tes rênes pour mettre un léger pli à l'extérieur. Garde les yeux sur les oreilles pour que l'encolure ne se plie pas plus. Ralentis légèrement les épaules, cède, puis pousse avec ta jambe extérieure, celle du côté du mur, sans la reculer. Pour les premiers pas, tes deux mains peuvent se décaler ensemble vers l'intérieur. Le poney fait demi-tour en tournant le dos au mur.

Déplacer les épaules est plus difficile que déplacer les hanches.

↑ *Quand il déplace ses épaules, le poney croise les antérieurs.*

6 → Posture du cavalier à l'obstacle

Mécanisme du saut

Dans l'ordre, de haut en bas :
- *battue des antérieurs ;*
- *battue des postérieurs ;*
- *planer ;*
- *réception avec les antérieurs ;*
- *réception avec les postérieurs.* →

Pour conserver ta stabilité au galop, il existe plusieurs équilibres :

- **équilibre deux points** : poids réparti sur les deux étriers ;
- **équilibre trois points** : légèrement assis, poids réparti sur les deux étriers et la selle ;
- **équilibre deux points et demi** : assiette rapprochée sans s'asseoir, poids réparti sur les deux étriers et le haut des cuisses.

Les genoux ne sont jamais serrés. Les articulations doivent être souples pour enchaîner les sauts rapprochés en ligne droite.

Assis et en équilibre avec deux longueurs d'étriers différentes. →

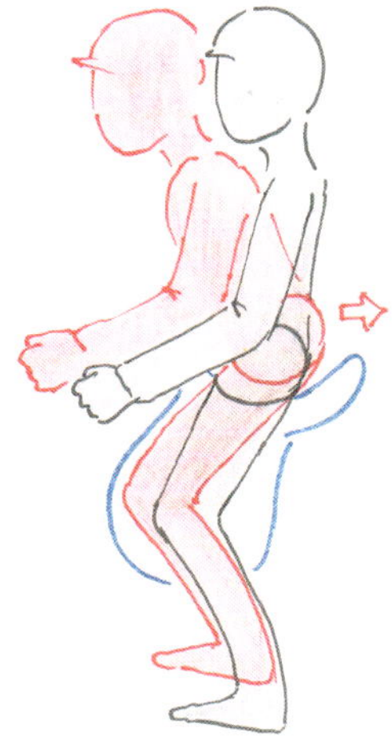

← *Le cavalier utilise différentes positions en équilibre sur les étriers selon les phases du saut. Au planer, il suffit de suivre l'extension d'encolure du poney, avec les mains et le buste. Les mains sont toujours devant le cavalier, jamais sous lui.*

La position trois points, assise, ne ressemble pas à celle de dressage : tu dois être toujours prêt à quitter la selle. →

7 → Gestion de la vitesse et de la direction à l'obstacle et en extérieur

Quand les poneys sautent ou sortent en extérieur, ils sont parfois bien plus toniques. Malgré cela il faut toujours les contrôler.

Contrôler l'allure

Pour conserver une allure ou passer d'une allure à l'autre, ne t'agite pas. Place tes aides et attends la réponse. Freine légèrement le trot avant de demander l'allure supérieure et n'hésite pas à passer de la position deux points à trois points si ton poney manque d'impulsion au galop.

← Le terrain varié permet de perfectionner un équilibre qu'on croit acquis.

Contrôler la vitesse

Pour ralentir, rapproche-toi de la selle, redresse-toi, et contrôle la vitesse avec tes doigts en rythme avec l'allure :

- quand tu te lèves ou t'assieds au trot enlevé ;
- sur le troisième temps du galop.

← Pour ralentir le galop, agis sur le troisième temps : ton dos, droit, revient vers la verticale. Rapproche-toi de la selle et descends les talons, serre tes doigts sans déplacer tes mains, tes jambes restent vigilantes.

Cavalier redressé mais toujours en équilibre, pour contrôler la vitesse et la direction. →

← *Cavalier redressé et assis pour contrôler la vitesse et la direction.*

Pour allonger l'allure, vérifie que ton poney est bien actif, puis demande l'allongement avec tes jambes pour le trot, avec l'assiette pour le galop et le pas. Évite de perdre le contact, ton poney risquerait de se déséquilibrer sur son avant-main.

Contrôler la direction

Commence par contrôler l'allure et la vitesse car le poney sera déjà dans "le couloir" de tes aides et il sera plus facile de le faire tourner. Ne tourne pas pour contrôler la vitesse.

Il faut que tu puisses mettre ton poney sur le tracé idéal pour aller sauter ou le faire changer d'allure à volonté en fonction du terrain en extérieur. Regarde où tu veux aller, et tourne toujours avec tes deux mains en pensant à conduire les épaules du poney et non la tête.

↑ *Tourne en regardant où tu vas.*

Gestion de l'allure en extérieur

Les allures se choisissent en fonction du terrain. Le trot sur les terrains réguliers, ni trop durs, ni trop souples ; le galop sur le sable et les sols herbeux ; le pas pour tous les autres terrains (cailloux, goudron, terrain profond, descente abrupte).

En cas de passages difficiles, il te faudra peut-être descendre pour soulager l'effort de ton poney ou lui montrer le chemin.

Eurorider

Le diplôme du Galop 4 porte la mention "EURORIDER". Il s'agit d'un niveau qui est valable dans tous les pays d'Europe. Il signifie que tu es capable de t'occuper entièrement, et en toute sécurité, de ta monture, à partir du moment où tu arrives pour le préparer avant le travail, jusqu'au moment où tu le remets dans son box après le travail et les soins.

Règles de sécurité

En main

- Adopter la position la plus sécurisante par rapport à ce que l'on veut faire.
- Anticiper les obstacles en faisant très attention aux objets qui traînent ou qui peuvent tomber : boîtes de pansage, bombes, balais, fourches.

Au manège et en carrière

- Porter une bombe.
- Respecter les priorités.
- Respecter les distances de sécurité pour éviter à votre poney les coups de pied et les morsures.
- Ne pas laisser les poneys se sentir surtout s'ils ne se connaissent pas : ils pourraient avoir des réactions agressives.
- Monter un cheval en bonne santé.
- Protéger les membres du poney en fonction de la discipline.
- Demander l'autorisation d'entrer dans un manège ou une carrière où d'autres cavaliers montent déjà.
- Vérifier le sanglage en montant et après un peu d'exercice.
- Vérifier le matériel, son entretien et l'entretenir.

En plus, à l'extérieur

- Choisir un équipement qui garantit la sécurité : bombe, gilet, selle, filet.
- Choisir des vêtements confortables et qui ne risquent pas de s'accrocher dans les branchages.
- Toujours tenir ses rênes.
- Respecter les distances et sa place, généralement en file indienne.
- Respecter les allures indiquées par l'enseignant, choisies en fonction du terrain et du niveau.
- Transmettre les consignes et les informations jusqu'au dernier cavalier.
- Respecter le code de la route : marcher à droite, en file indienne, s'arrêter au stop.
- Respecter la nature : ne rien jeter par terre, ne rien cueillir, ne pas faire peur aux autres animaux.
- Repasser au pas en croisant toute personne, à pied, à vélo ou à cheval, et la saluer.
- Ne pas laisser brouter quand les autres avancent, ni prendre de distance pour rattraper au trot ou au galop.
- De manière générale, éviter de laisser brouter (plantes toxiques).
- Toujours rentrer à l'écurie au pas, même en cas de fortes pluies inattendues.
- En cas de difficulté, soyez patients, montrez l'objet au poney s'il a peur, à pied s'il le faut.

Remerciements

Les poneys-clubs

- À Mathilde Vantroys, monitrice diplômée d'État et gérante du poney-club de Nanteuil (60).
- À Jacques Rivet, instructeur diplômé d'État et directeur du centre équestre de Jablines (77).
- À Lionel Gonzalez, moniteur diplômé d'État, gérant des écuries du Bois de la Noue et de l'élevage du même nom.
- Aux cavaliers figurant sur les photographies : Rémy, Diane, Solène, Alice, Lisa, Alyssia, Marie, Chloé, Aurélie, Quentin, Léa.
- Aux équidés : Une Biloute, Sweetie Joliebrise, Salto Joliebrise, Hardy, Whintor Gray Duster, Tip-Top, Olympia de l'Épinay, Pitchoune de Fabry, Astéria la demi-lune, Athéna la demilune, Okilebo, Teck de Civry (propriété de Solène), Logan d'Apogie, Maeva Duboisdelanoue.

Les photographes

- Joël Bonnefond pour la plupart des photographies.
- Lucie Balland et Véronique-Hélène Demonet pour un complément de photos.

Les concours

- Un grand merci aux organisateurs des concours pony-games, CSO, dressage, complet, modèles et allures, et à tous les concurrents qui se reconnaîtront.

Bibliographie

- Grard Guenard Laurence, *Je monte à poney*, Mes Galops 1 À 4, éditions Amphora, 2012.
- Müseler Wilhem, *Équitation*, éditions Jean-Michel Place, 2002.
- Roche Hélène, *Comportements et postures*, éditions Belin 2012.